KR273596

페이퍼 아트

플레잉
아 트
클래스 8

종 이 오 리 기 로 완 성 하 는 생 활 속 데 코

쉽고 재미있는
페이퍼 아트

다케우치 치히로 지음

북스토리

머리말

어렸을 때부터 종이 모으는 걸 아주 좋아했어요.

색종이랑 포장지 외에도 예쁜 과자 상자까지 다양한 종이를 수집하고,

매일 가방에 넣어서 걸어 다녔지요.

그런 종이 수집광이 자라 어른이 된 지금,

그렇게 좋아하던 종이로 여러 작품을 만들 수 있어서 진심으로 너무나 행복합니다.

하나하나 제 아이처럼 소중한 작품들을 이 책에 가득 담았습니다.

혼자만 알고 있기엔 너무나 아까운,

정말 귀엽고 사랑스러운 작품들이랍니다.

이 작품들만으로도 주변 분위기가 환하게 바뀌는 것은 물론,

이 작품을 만나는 사람들까지도 밝은 미소를 갖게 될 것입니다.

마치 마법을 부리는 듯한,

'펼치면 뚝딱! 신나는 종이 오리기'의 세계로 여러분을 초대합니다.

아이부터 어른까지 온 가족이 함께 모여 앉아

재미있고 귀여운 종이 오리기의 세계를 즐기고,

행복한 시간을 보내길 진심으로 바랍니다.

(이 책에 나온 작품들 외에 더 만들고 싶은 것들을 응용해 봐도 재미있을 거예요!)

CONTENTS

종이 오리기 기본 레슨

Basic Lesson

준비물

색종이
이 책에선 15센티미터의 기본 색종이를 사용합니다.

양면 색종이 100색
다양한 색과 적당한 두께의 양면 색종이는 입체 장식에 좋습니다.

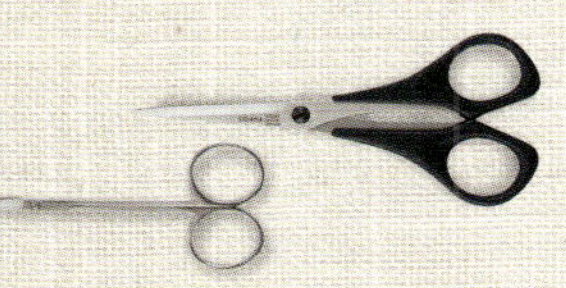

가위
가정에 있는 일반적인 가위를 이용합니다. 세세한 부분은 사진 왼쪽에 있는 가늘고 작은 가위를 쓰면 작업이 편해집니다.

커터
가위와 마찬가지로 일반적인 커터를 이용해도 좋지만, 세세한 부분을 자를 땐 사진 밑에 있는 디자인 커터가 편리합니다.

도안 보는 법

도안의 점선
색종이 접는 선을 맞추기 위한 위치입니다.

작품명

앉은 로봇
한 번 접기

접는 법
작품을 만들기 위한 접는 방법입니다. 접는 법은 다음 페이지를 참고하세요.

완성된 작품

도안
모두 실물 크기의 도안입니다. 자유자재로 확대, 축소를 하면서 마음에 드는 크기로 종이 오리기를 마음껏 즐길 수 있습니다.

있으면 편리한 것

커팅 보드
커터를 쓰거나 도안을 옮겨 그릴 때 사용하면 편리합니다.

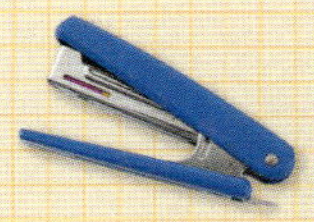

스테이플러
옮겨 그린 도안을 색종이에 맞출 때 사용합니다.

펀치
둥근 구멍을 뚫을 때 편리한 도구입니다. 원지름에 맞춰서 다양한 사이즈가 있습니다.

펀치 쓰는 법
도안의 눈이나 원 부분에 맞는 펀치를 대고 종이에 누르면 깔끔하게 자를 수 있습니다.

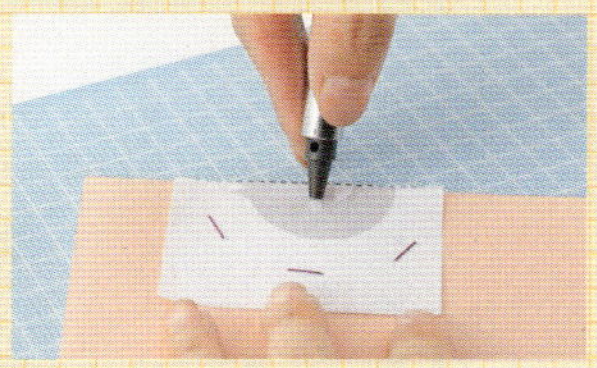

종이 오리기를 즐기기 위한 4단계!
접기
옮겨 그리기
자르기
펼치기
1
2
3
4
STEP 1
접기
바깥쪽으로 접기
안쪽으로 접기
한 번 접기
색종이를 반으로 접기만 하면 됩니다.
이 책에서 주로 이용하는 기본입니다.
두 번 접기
반 접기를 정사각형이 되도록 한 번 더 접습니다.
세 번 접기
두 번 접기한 상태에서 세모가 되도록 다시 반으로 접습니다.
주름 접기
바깥쪽으로 접기와 안쪽으로 접기를 교차로 해서 주름을 만듭니다. 작품의 도안에 있는
점선의 주름에 맞춰 접는 폭을 정해주세요. 긴 주름을 만들 때는 얇고 큰 종이를 사용하세요.

도안을 참고하면서 연필 등으로 직접 색종이에 그립니다. 이 경우 색종이는 뒤집어 주세요.

도안 위에 트레이싱 페이퍼를 겹친 후, 윤곽을 꼼꼼하게 옮겨 그려 줍니다. 도안을 빼고 색종이를 넣은 후, 스테이플러로 찍어 주세요.

도안을 복사해서 색종이에 스테이플러로 찍습니다. 도안을 확대하거나 축소할 때 편리합니다.

프리 핸드로 옮겨 그린 색종이는 그대로 선을 따라 자릅니다.
트레이싱 페이퍼나 복사는 찍어 놓은 도안째로 자릅니다.
안쪽을 자를 때는 커터를 씁니다.

자를 때는 안에 잘라내야 할 부분이나 세세한 부분부터 시작합니다.

곡선 부분은 색종이 본체를 돌리듯 움직이면서 자르면 깔끔하게 자를 수 있습니다.

자를 때는 안에 잘라내야 할 부분, 세세한 부분 순서로 자르기 시작합니다.

곡선은 색종이가 엇나가지 않도록 손으로 누르면서 칼날을 돌리듯 한번에 잘라 냅니다.

세세한 부분이 찢어지지 않게 천천히 펼치면 완성입니다.

자르는 법 POINT

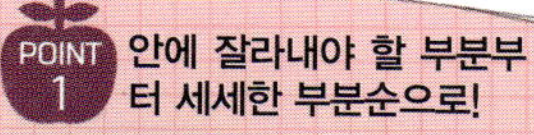

도안 안쪽에 잘라내야 할 부분이 있는 경우에는 그 부분을 먼저 자르고, 다음으로 세세한 부분을 자르면 깔끔하게 완성됩니다.

작업 중에 잘라내는 부분이 방해가 되는 경우가 있습니다. 그때는 가장자리를 적당히 잘라내고 나서 작업하는 쪽이 효율적입니다.

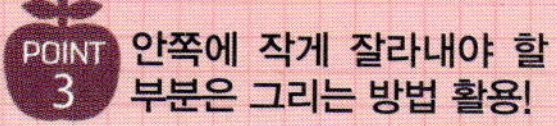

안쪽에 작게 잘라내야 할 선은 처음 할 때 어렵게 느끼는 부분입니다. 그럴 때는 자르지 않고 연필이나 펜으로 그리면 간단히 완성할 수 있습니다.

Twinkle, twinkle, little star♪

작고 귀여운 장식

축구공, 별, 개미, 토끼, 개구리 등
손바닥만 한 작고 깜찍한 장식.
노트와 카드에 넣어 꾸밀 수 있는
아기자기한 디자인이 가득해요.

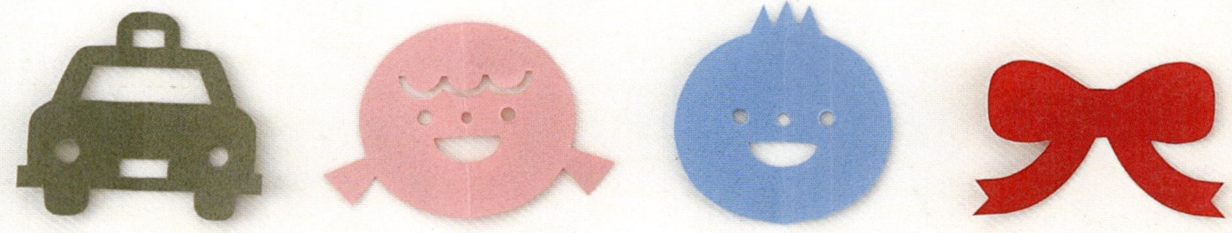

경찰차
한 번 접기

별 셋
한 번 접기

지하철
한 번 접기

집
한 번 접기

우승컵
한 번 접기

야구
한 번 접기

축구공
한 번 접기

테니스 라켓
한 번 접기

탁구
한 번 접기

꽃
한 번 접기

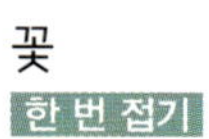

*안쪽을 잘라 내면 꽃이 하나 더 나와요.
도안 하나로 두 작품이 나옵니다.

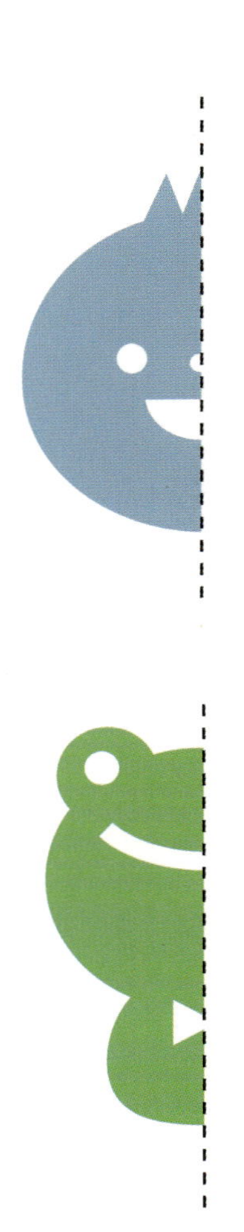

남자아이
한 번 접기

아기
한 번 접기

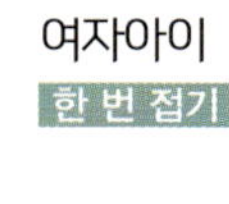

여자아이
한 번 접기

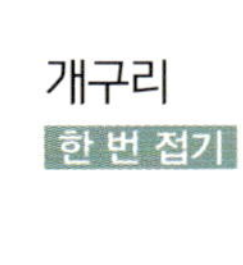

개구리
한 번 접기

병아리
한 번 접기

토끼
한 번 접기

개미
한 번 접기

사슴벌레
한 번 접기

장수풍뎅이
한 번 접기

로봇 장식

다양하고 친근한 로봇부터 공구, 톱니바퀴 등
인기 만점 로봇 공장 대집합!

로봇 A
한 번 접기

로봇 B
한 번 접기

로봇 C
한 번 접기

미니 로봇 A
한 번 접기

미니 로봇 B
한 번 접기

미니 로봇 C
한 번 접기

로봇 D
한 번 접기

로봇 E
한 번 접기

로봇 F
한 번 접기

로봇 G
한 번 접기

미니 로봇 D
한 번 접기

로봇 H
한 번 접기

렌치
한 번 접기

태엽 손잡이
한 번 접기

콘센트
한 번 접기

로봇 I
한 번 접기

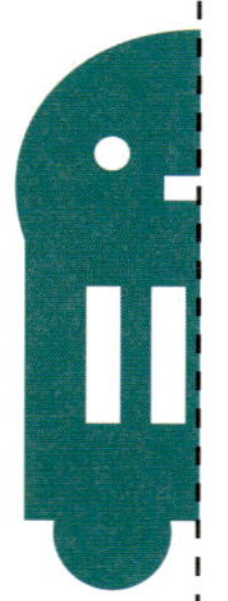

로봇 J
한 번 접기

로봇 K
한 번 접기

구멍 셋 뚫린 톱니바퀴
한 번 접기

*작은 톱니바퀴는 도안을
70% 축소해서 사용.

십자 톱니바퀴 A
한 번 접기

십자 톱니바퀴 B
한 번 접기

십자 톱니바퀴 C
한 번 접기

톱니바퀴
한 번 접기

전구
한 번 접기

드라이버
한 번 접기

콤비네이션 렌치
한 번 접기

큰 톱니바퀴
두 번 접기

세계의 여러 나라 장식

전 세계에서 도착한 귀여운 아이템만을 모았습니다.
여러분은 어떤 나라를 좋아하나요?

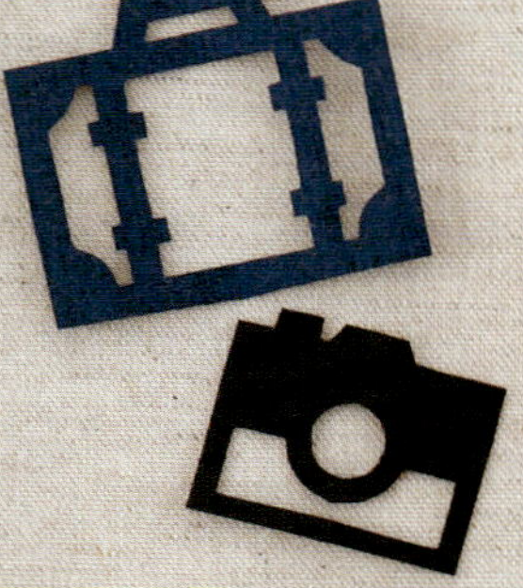

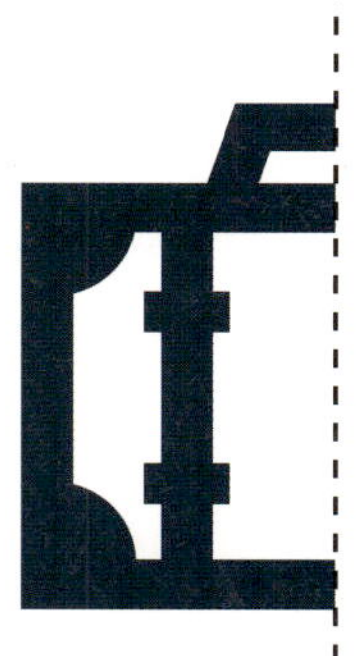

여행 가방
한 번 접기

편지
한 번 접기

카메라
한 번 접기

꽃 마트료시카
한 번 접기

케이프 마트료시카
한 번 접기

부엉이
한 번 접기

궁전
한 번 접기

나막신

풍차
한 번 접기

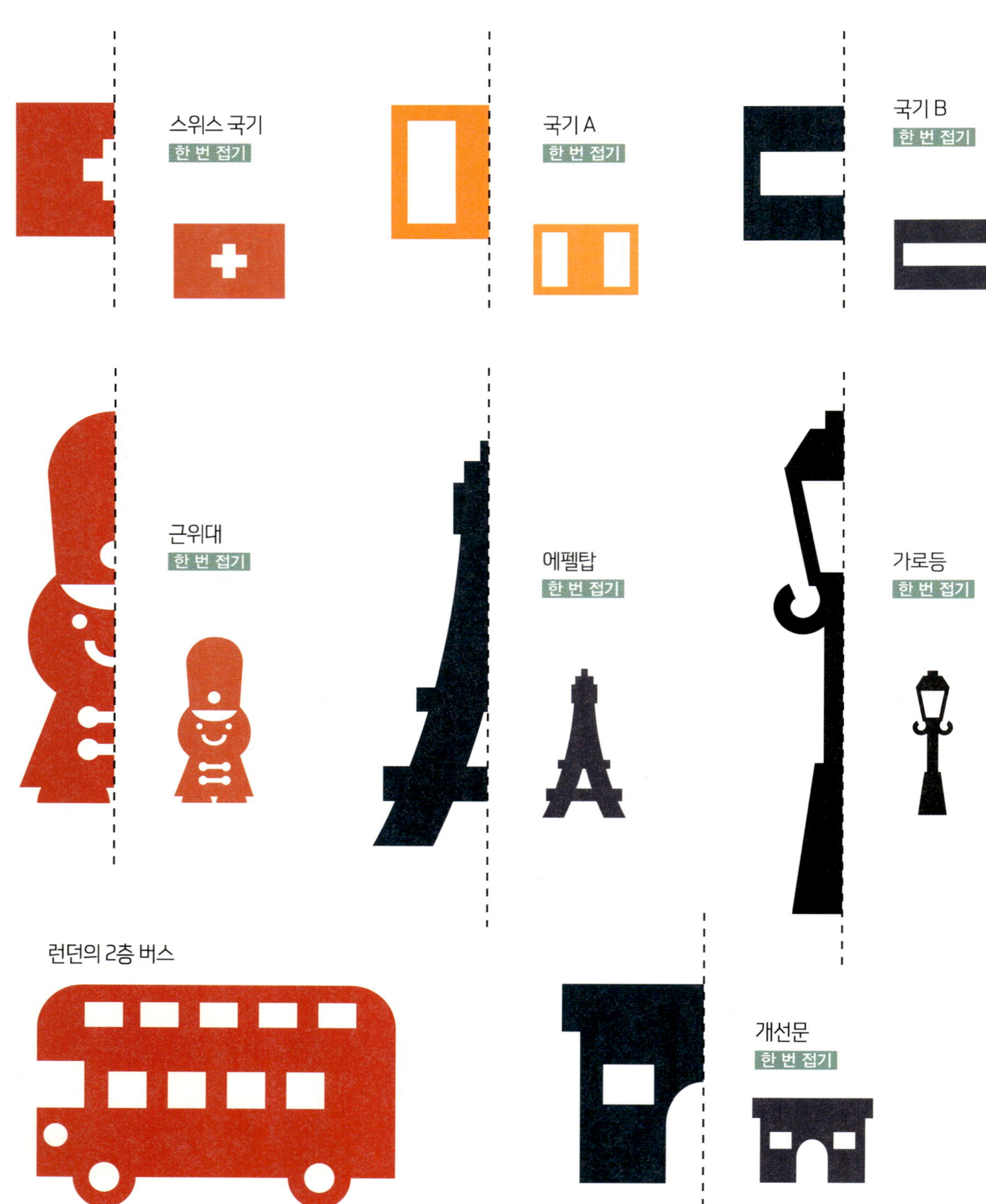
스위스 국기
한 번 접기
국기 A
한 번 접기
국기 B
한 번 접기
근위대
한 번 접기
에펠탑
한 번 접기
가로등
한 번 접기
런던의 2층 버스
개선문
한 번 접기

목각 인형
한 번 접기

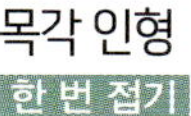

후지산
한 번 접기

신사 기둥문
한 번 접기

토템폴 A
한 번 접기

토템폴 B
한 번 접기

토템폴 C
한 번 접기

솜브레로
한 번 접기

선인장
한 번 접기

달라헤스트

꽃 장식

색종이를 두 번 접어 오리고 펼치면,
각양각색의 귀여운 꽃밭이 됩니다.
데코레이션 장식으로도 인기가 많으니,
많이 만들어 꾸며 보세요.

라운드 플라워 A
두 번 접기

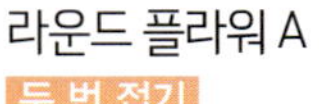

라운드 플라워 B
두 번 접기

라운드 플라워 C
두 번 접기

라운드 플라워 D
두 번 접기

라운드 플라워 E
두 번 접기

라운드 플라워 F
두 번 접기

라운드 플라워 G
두 번 접기

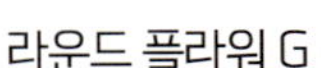

라운드 플라워 H
두 번 접기

Birthday party
Cheers!

사계절 장식

설레는 입학식, 기뻤던 생일 파티,
열심히 놀았던 여름방학,
즐거운 핼러윈이랑 크리스마스까지……
1년 동안 즐거운 추억을
가득 담은 사계절 장식.

Trick or Treat!
Happy Halloween
Merry Christmas

도안 안쪽에 자를 부분이 있는 경우, 안쪽 부분을 먼저 잘라 주면 예쁘게 완성됩니다.

밀짚모자
한 번 접기
남자아이
한 번 접기
여자아이
한 번 접기
수영복(위)
한 번 접기
수영복(아래)
한 번 접기
바다 수영복
한 번 접기
별 지팡이
한 번 접기
보더 셔츠
한 번 접기

눈 결정 C
두 번 접기
눈 결정 D
두 번 접기
마녀 모자
한 번 접기
관
한 번 접기
쌍둥이 유령
한 번 접기

유령 호박 A
한 번 접기

박쥐
한 번 접기

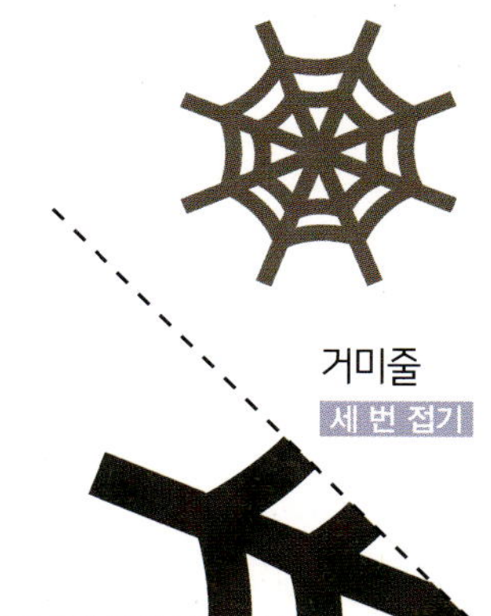

거미줄
세 번 접기

유령의 집
한 번 접기

거미
한 번 접기

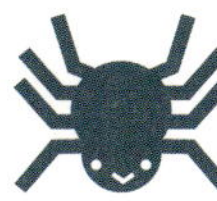

학교
한 번 접기

연필
한 번 접기

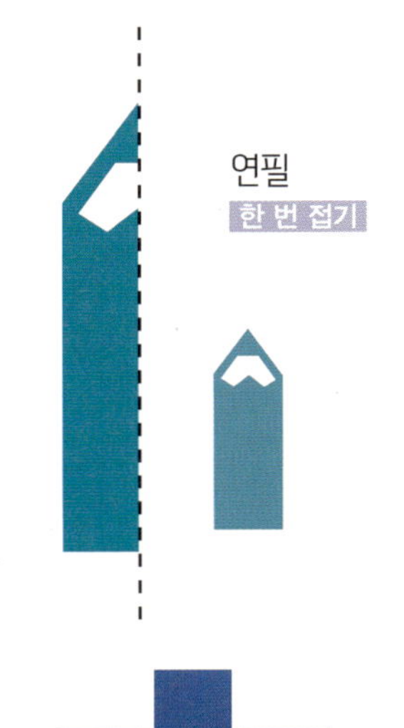

튤립
한 번 접기

배 모양 패턴
주름 접기

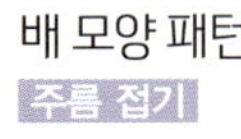

손잡은 친구들
두 번 접기

교복
한 번 접기

세일러복
한 번 접기

✂ 도안 안쪽에 자를 부분이 있는 경우, 안쪽 부분을 먼저 잘라 주면 예쁘게 완성됩니다.

촛불 A
한 번 접기
촛불 B
한 번 접기
케이크
한 번 접기
벚꽃
한 번 접기
벚꽃 잎
한 번 접기
딸기
한 번 접기
벚나무
한 번 접기
튤립 화단
주름 접기

눈사람
한 번 접기

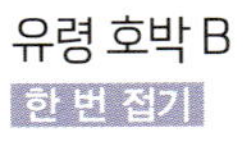

유령 호박 B
한 번 접기

별
한 번 접기

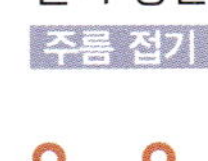

산타 행진
주름 접기

크리스마스트리
한 번 접기

장식(별)
한 번 접기

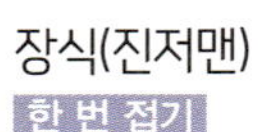

장식(진저맨)
한 번 접기

장식(집)
한 번 접기

와인글라스
한 번 접기

고블릿
한 번 접기

빙수
한 번 접기

수박 조각
한 번 접기

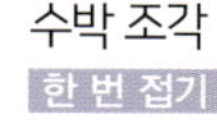

*작은 빙수는 도안을 80% 축소해서 사용.

선물
한 번 접기

수박
한 번 접기

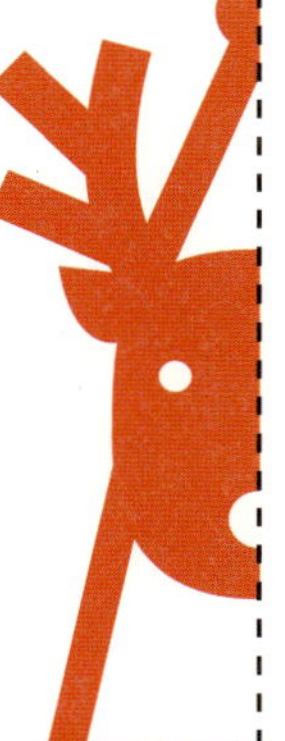

루돌프
한 번 접기

*작은 선물은 도안을 80% 축소해서 사용.

벨
한 번 접기

닻
한 번 접기

나팔꽃
한 번 접기

나팔꽃 잎
한 번 접기

전래 동화 장식

한 번은 읽어 봤을 옛날이야기의 세계가
종이 오리기로 귀엽게 재탄생합니다.

할머니
한 번 접기
할아버지
한 번 접기
동자
한 번 접기
도깨비
한 번 접기
꿩
한 번 접기
개
한 번 접기
원숭이
한 번 접기

※펼쳤을 때 왼쪽 막대 부분은 잘라 냅니다.

삿갓
한 번 접기

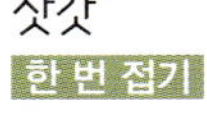

무사
한 번 접기

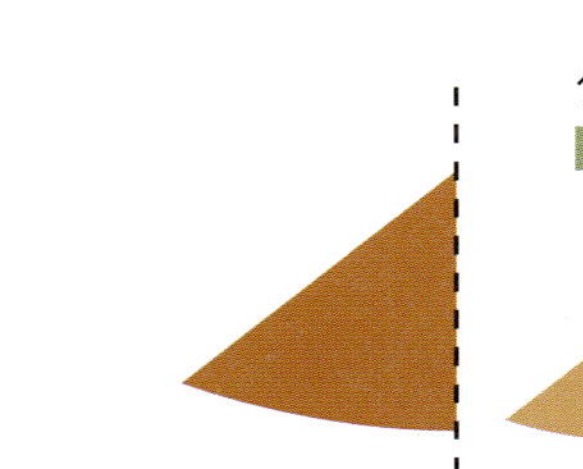

돌기둥 패턴
주름 접기

※펼쳤을 때 왼쪽 끈을 잘라 냅니다.

수수경단
한 번 접기

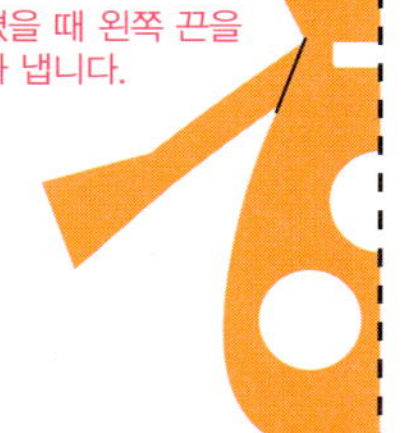

요술 방망이
한 번 접기

조릿대
한 번 접기

공주
한 번 접기

어부
한 번 접기

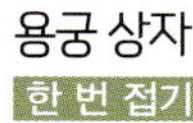

용궁 상자
한 번 접기

용궁
한 번 접기

선녀
한 번 접기

세계 명작 동화 장식

세계 명작 동화를 종이 오리기로 만들면
마치 그림책 안에서 튀어나온 것 같아요.

늑대

고양이와 마법 빗자루
트럼프(하트)
한 번 접기
트럼프(다이아)
한 번 접기
괘종시계
한 번 접기
아기 염소
한 번 접기
트럼프(스페이드)
한 번 접기

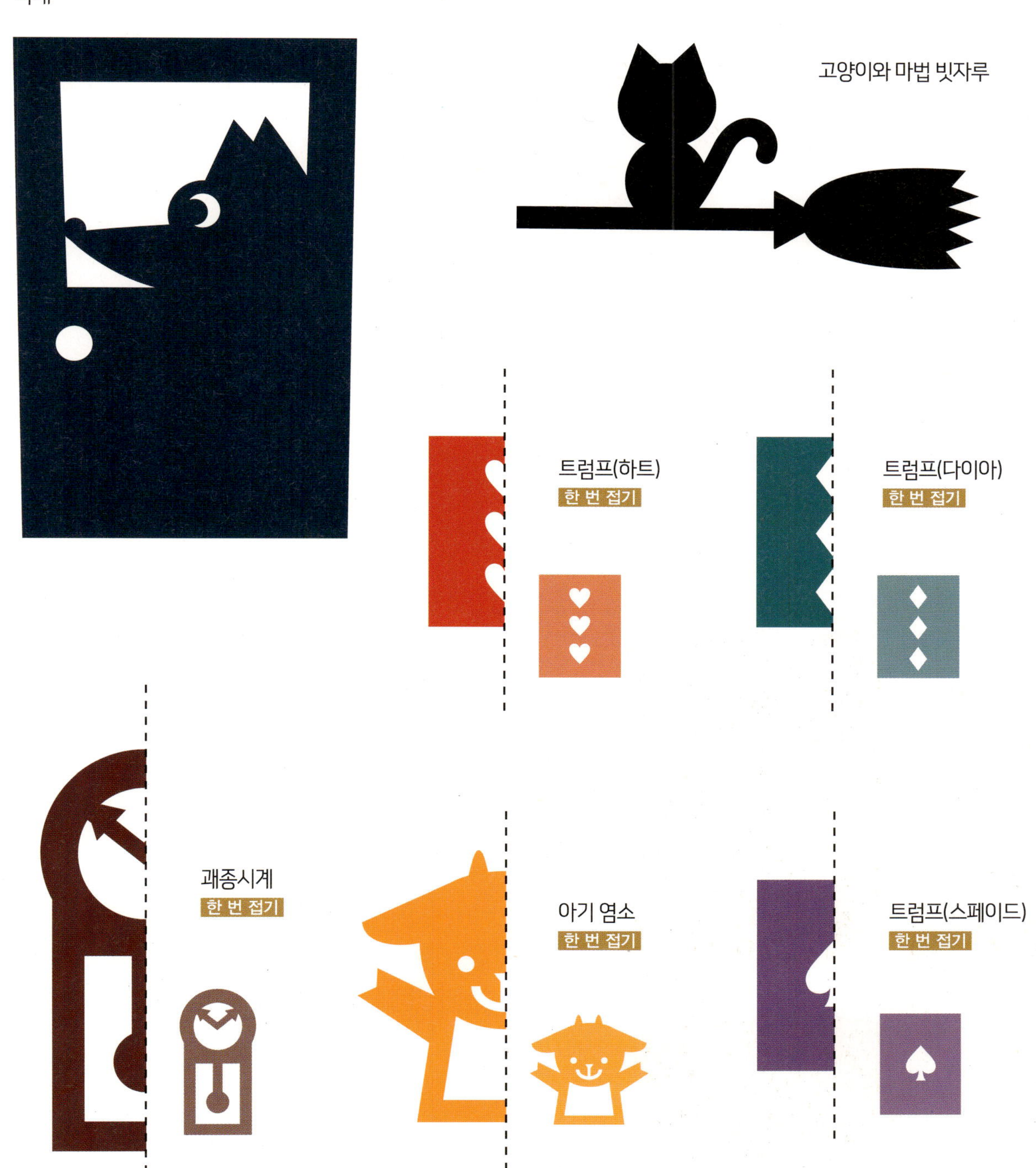

해골 마크
한 번 접기

그루터기
한 번 접기

엄지공주
한 번 접기

※펼친 뒤 왼쪽 가지 부분은
잘라 냅니다.

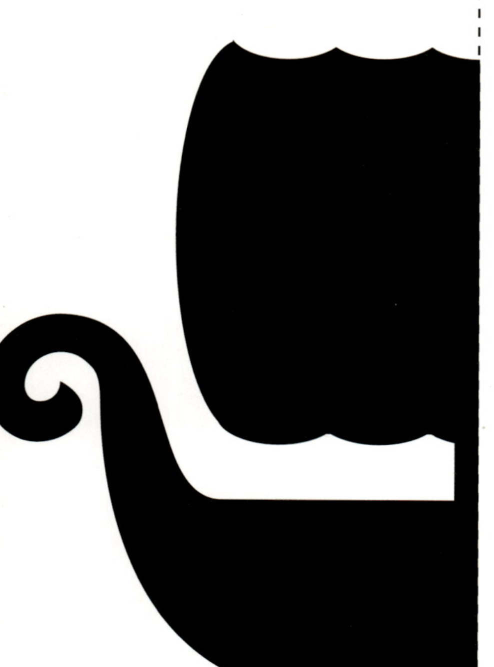

해적선
한 번 접기

바이킹
한 번 접기

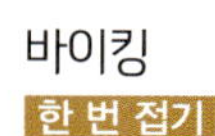

해적선 방패
한 번 접기

고래
숲의 나무
한 번 접기
피노키오
파랑새
새장
커다란 무

Line & Frame

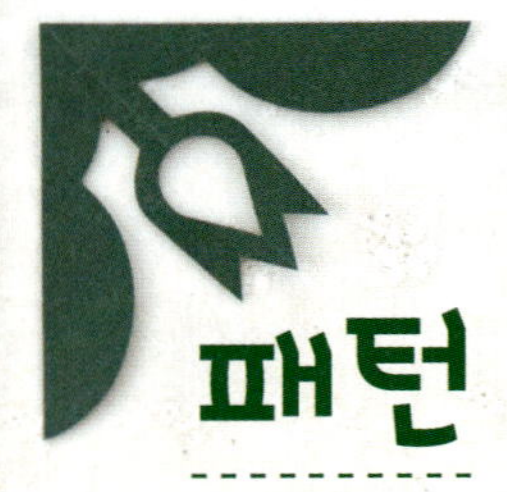

패턴

앨범과 포스터, 노트 등을 꾸밀 때
다양하게 활용할 수 있는
활용도 높은 패턴을 만들어 봐요.

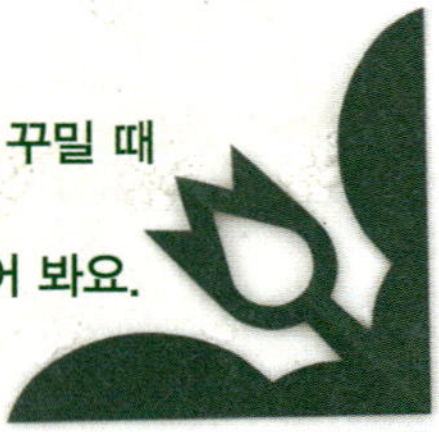

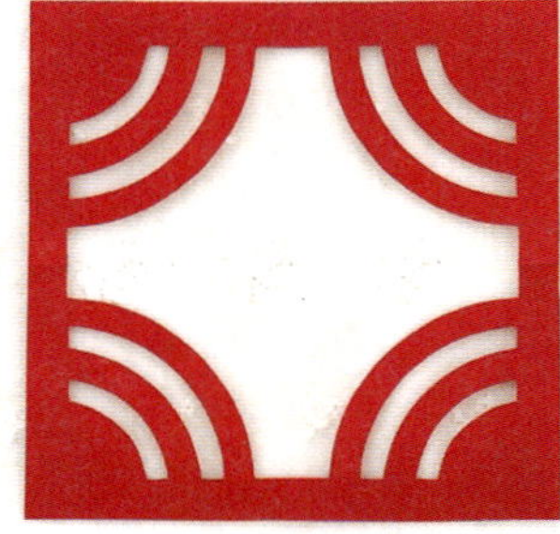

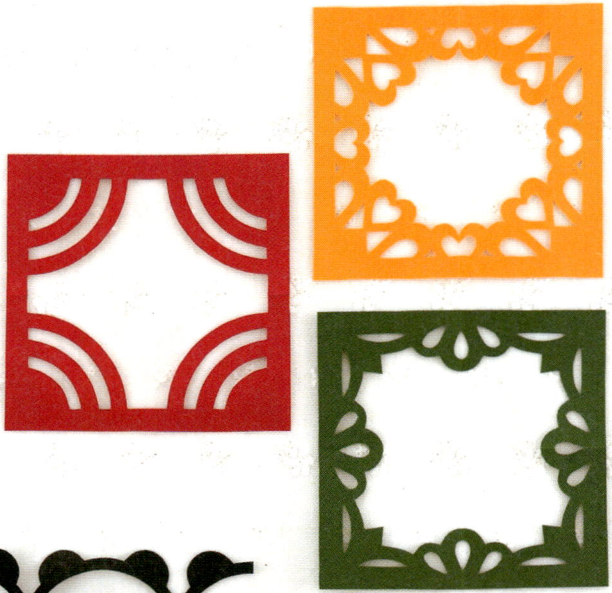

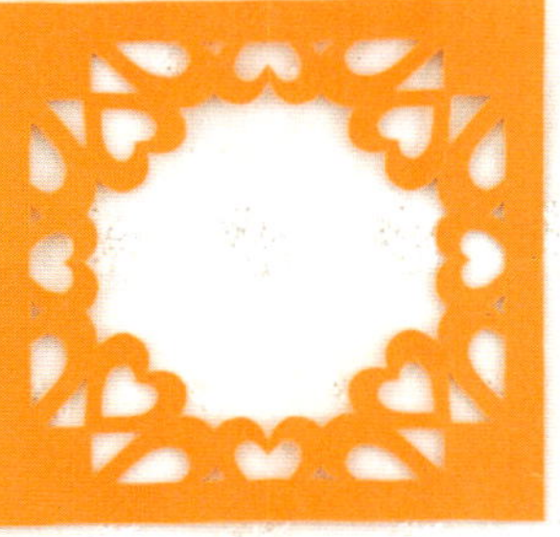

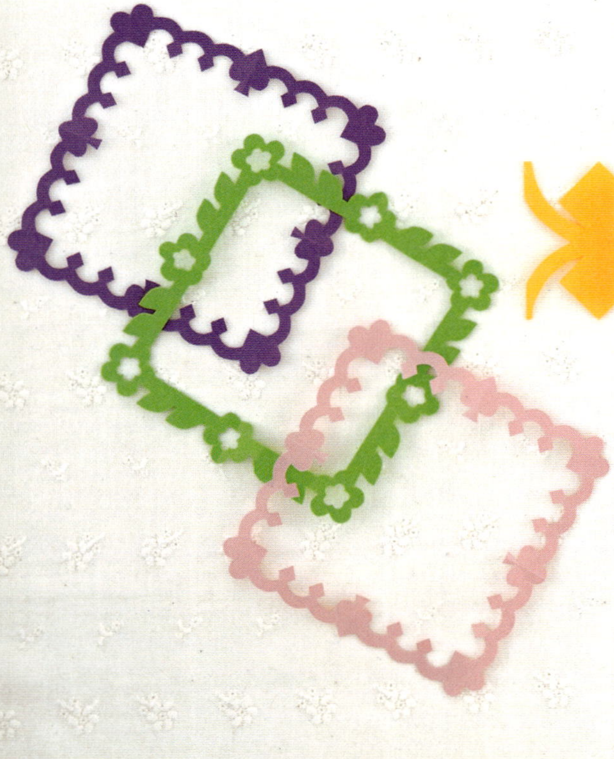

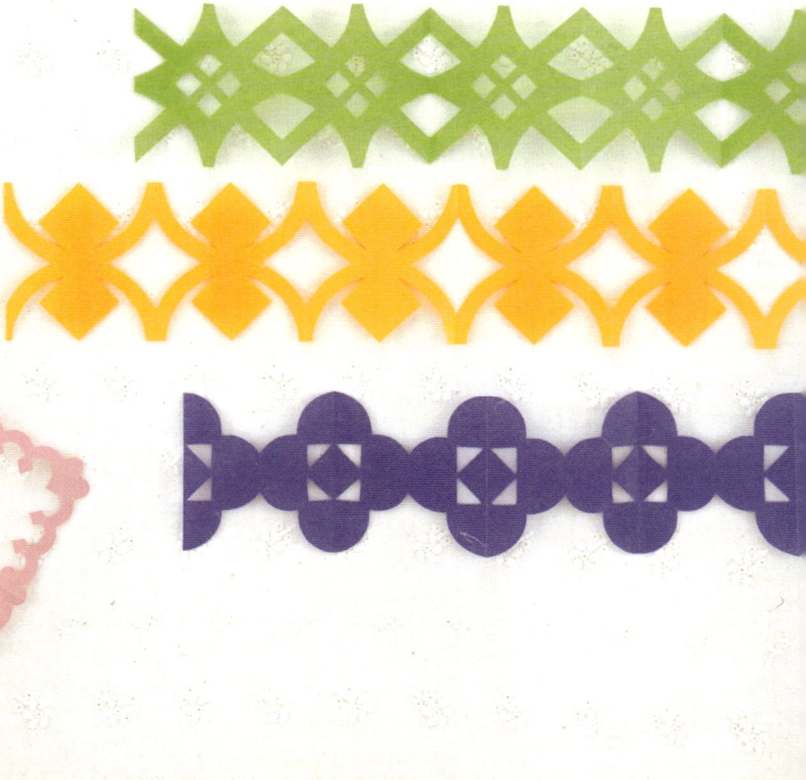

다이아몬드 패턴
주름 접기

아가일 패턴
주름 접기

플라워 패턴
주름 접기

나무와 집 패턴
주름 접기

POINT

● 주름 접기는 주름의 수를 늘리면 연속적으로 패턴이 더 많이 늘어납니다.
● 주름이 많아질 경우, 얇은 종이를 쓰면 좀 더 쉽고 예쁘게 자를 수 있습니다.

팬더 패턴
주름 접기

임금님 패턴
주름 접기

케이크 패턴
주름 접기

하트와 스페이드와
다이아몬드 패턴
두 번 접기

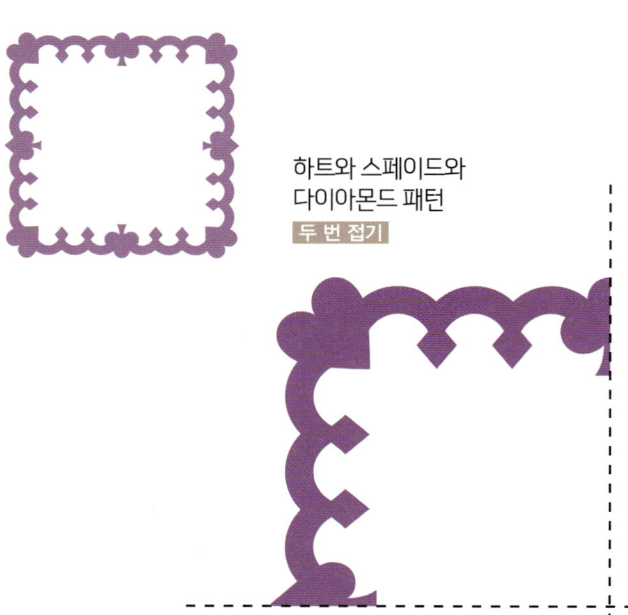

✂ 도안 안쪽에 자를 부분이 있는 경우, 안쪽 부분을 먼저 잘라 주면 예쁘게 완성됩니다.

하트 패턴
두 번 접기
엘레강트 패턴
두 번 접기
*자르고 펼친 뒤 오른쪽
그림에 나와 있는 선대
로 자르면 장식 패턴을
4개 얻을 수 있습니다.
컷
튤립 장식 패턴
세 번 접기
반원 패턴
두 번 접기
플라워 패턴
두 번 접기

스테인드글라스풍 장식

다양한 색을 쓴 스테인드글라스풍의 종이 오리기로,
더 컬러풀하고 화려한 귀여운 장식을 만들어 봐요.

스테인드글라스풍 종이 오리기 만드는 법 .

스테인드글라스풍 종이 오리기는 윤곽을 자른 후 반대쪽에 색종이를 붙여서 만드는 것으로,
종이 오리기를 새롭게 즐기는 법 중 하나입니다.
색종이를 바꾸기만 해도 작품의 이미지와 분위기가 확 바뀌어서 다양한 연출이 가능하니 한번 만들어 보세요.

도안대로 자른 종이 오리기(검은 부분)에 좋아하는
색 색종이를 대고 연필로 따라 그립니다.

따라 그린 연필 선에서 2밀리미터 정도 여유를 주
고 바깥을 가위로 자릅니다(크게 자른 부분이 풀칠
을 할 부분입니다).

풀칠할 부분에 풀을 바르고,
안쪽에 색종이를 겹쳐 붙입니다.

추천하는 색종이

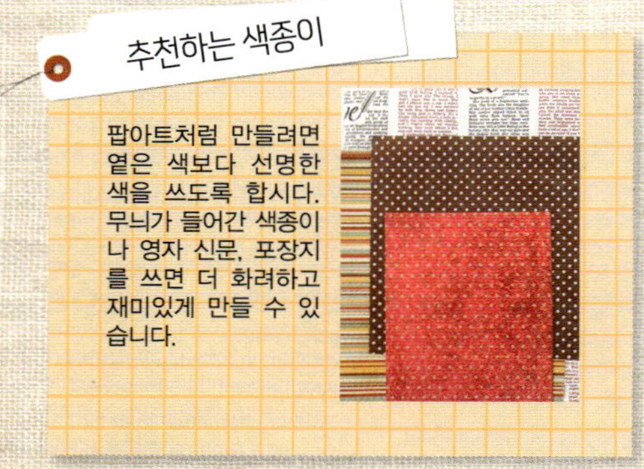

팝아트처럼 만들려면
옅은 색보다 선명한
색을 쓰도록 합시다.
무늬가 들어간 색종이
나 영자 신문, 포장지
를 쓰면 더 화려하고
재미있게 만들 수 있
습니다.

✂ 도안 안쪽에 자를 부분이 있는 경우, 안쪽 부분을 먼저 잘라 주면 예쁘게 완성됩니다.
사과
한 번 접기
서양 배 A
한 번 접기
무당벌레
한 번 접기
컵
꽃 A
한 번 접기
서양 배 B
한 번 접기
나비
한 번 접기
꽃 B
한 번 접기
선물
한 번 접기
꽃 C
한 번 접기

기구
한 번 접기

왕관
한 번 접기

꽃 D
한 번 접기

케이크
한 번 접기

캔디
한 번 접기

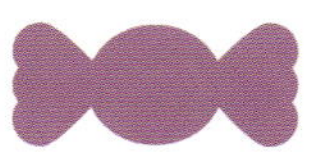

씨 있는 사과
한 번 접기

리본
한 번 접기

도넛
한 번 접기

체리
한 번 접기

네 잎 클로버
한 번 접기

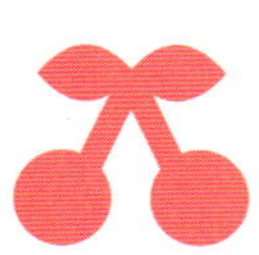

종이 오리기를 더 즐겁게!

이 책에 실려 있는 도안을 사용해서 이렇게 귀여운 아이템도 만들 수 있어요.

휴대전화 케이스

다이소 같은 곳에서 파는 투명 휴대전화 케이스를 예쁘고 깜찍하게 꾸밀 수 있어요. 휴대전화 케이스의 사이즈로 자른 색종이에 마음에 드는 종이 오리기 모티프를 붙여서 케이스에 넣어 주면 끝! 간단하게 만들어 쓸 수 있으니, 예비 케이스나 선물용으로 다양하게 만들어 보아요.

미니 플라워

미니 카드

고래 뱃속에 들어간 피노키오와
새장 속 파랑새.
둘 다 카드를 펼치고 싶게 만드는
근사한 디자인입니다.

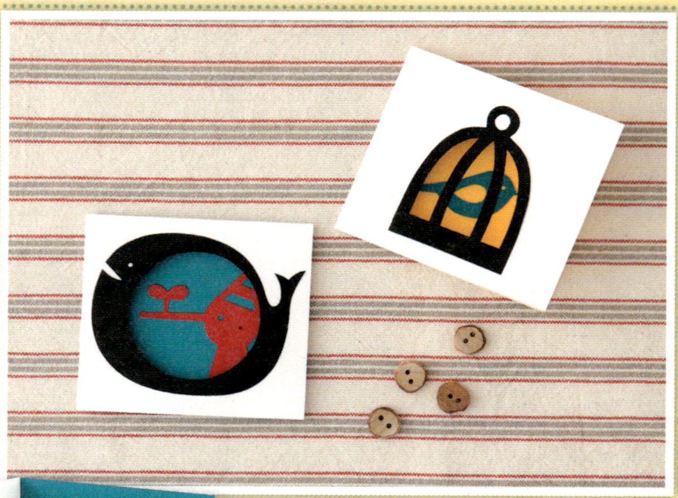

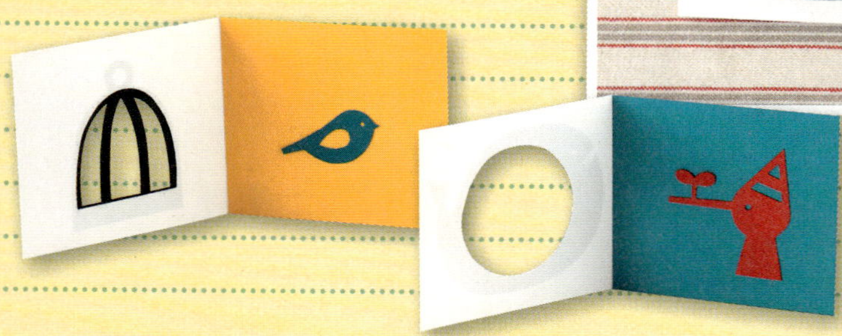

*도안은 41페이지에 실려 있습니다.

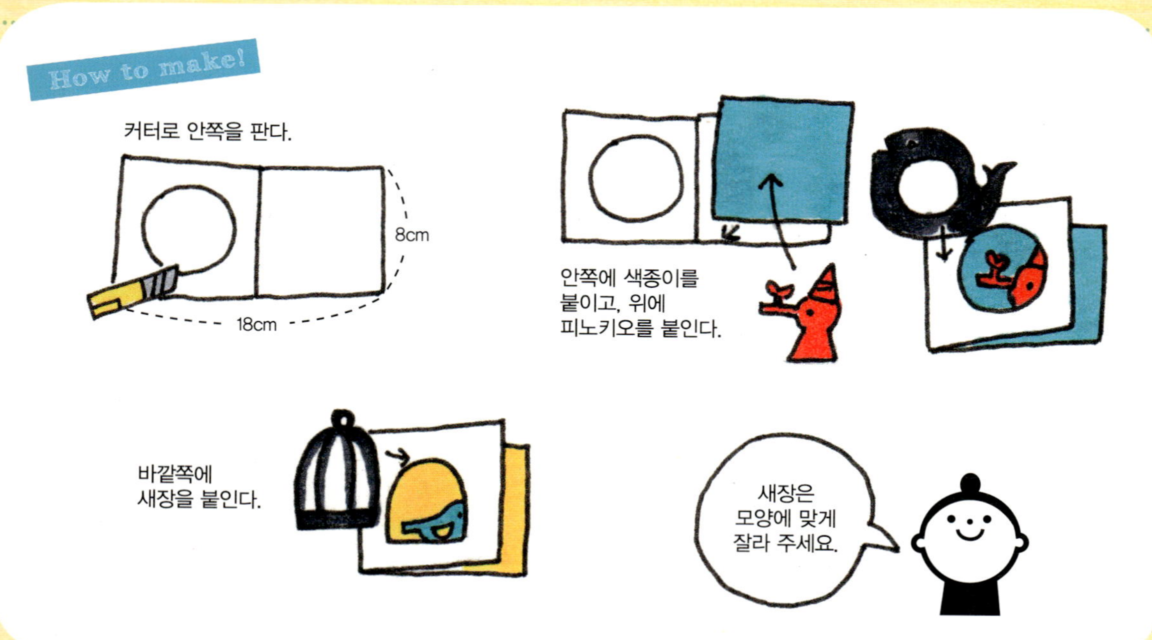

스테인드글라스풍 종이 오리기로 만드는
동화 나라

빨간 모자와 늑대
늑대에게 잡아먹힌 빨간 모자.
사냥꾼이 빨리 구해줘야 할 텐데!

동화 나라에 온 걸 환영합니다!

삼보와 팬케이크
좋아하는 호랑이 버터 팬케이크가 이렇게나 많이!

아기 돼지 3형제
벽돌집을 열심히 만드는 아기 돼지. 파이팅!

요정의 신발 가게
요정이 만드는 신발은 엄청 편해 보여요.

로봇 아빠
어느 날, 아빠가 갑자기 로봇이 되어 버린다면??

※바닥 종이 사이즈는 폭 9X8cm입니다.

아기 돼지 3형제

삼보와 팬케이크

※눈은 마지막으로
붙여 주세요.

요정의 신발 가게

로봇 아빠

동화를 스테인드글라스풍 종이 오리기로 만들면,
마치 그림자놀이 같아요.
이야기 속 다양한 주인공들이
마음을 따뜻하게 만들어 준답니다.

헨젤과 그레텔
과자로 만든 집이네!
먹어 버리자!

하늘 산책
풍선과 함께
어디라도!

풍선 기구
구름
*작은 구름은 도안을
90% 축소해서 사용.
콩나무 위의 성
그레텔
한 번 접기
헨젤
한 번 접기
※펼친 뒤 오른쪽 모자
깃털은 잘라 냅니다.

피에로
한 번 접기
피에로의 공
한 번 접기
*작은 피에로의 공은 도안을 80% 축소해 서 사용.
잭과 콩
과자로 만든 집

큰 둥근 잎 나무
콩
풍선과 여자아이
심볼 트리
풍선과 남자아이

풍선과 편지
한 번 접기
풍선과 선물
한 번 접기
작은 둥근 잎 나무
막대 사탕
컵케이크
한 번 접기
빨간 모자와 늑대

종이 오리기로
신나는 놀이

종이 오리기의 즐거움은 아직 끝나지 않았어요!
세우거나, 늘어뜨리거나, 장식하거나……
종이 오리기를 입체로 만들면
더욱 다양한 용도로 활용할 수 있고
즐거움도 더욱 커진답니다.

welcome
★★★

로봇 정말 좋아!

앉은 로봇, 서 있는 로봇이 환영 인사를 해요!
'어서 와요' '고마워요' 이런 말을 덧붙이면, 마음이
담긴 메시지 카드를 만들 수 있어요.

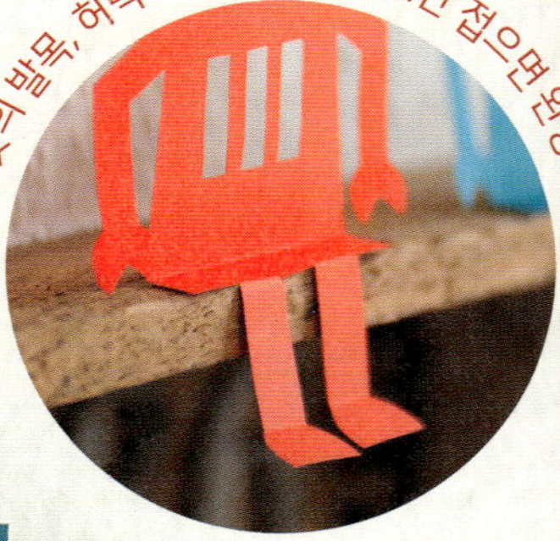

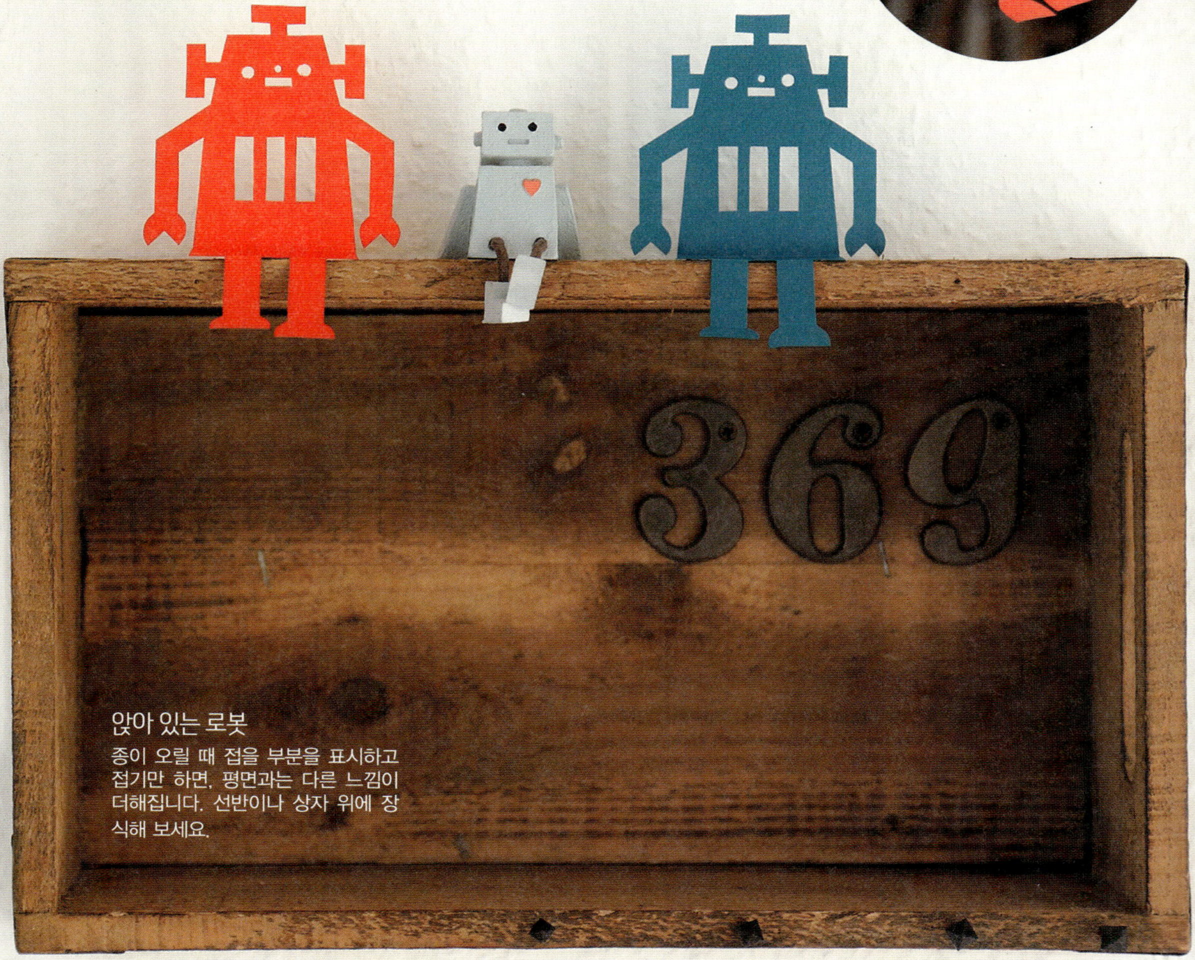

앉아 있는 로봇
종이 오릴 때 접을 부분을 표시하고
접기만 하면, 평면과는 다른 느낌이
더해집니다. 선반이나 상자 위에 장
식해 보세요.

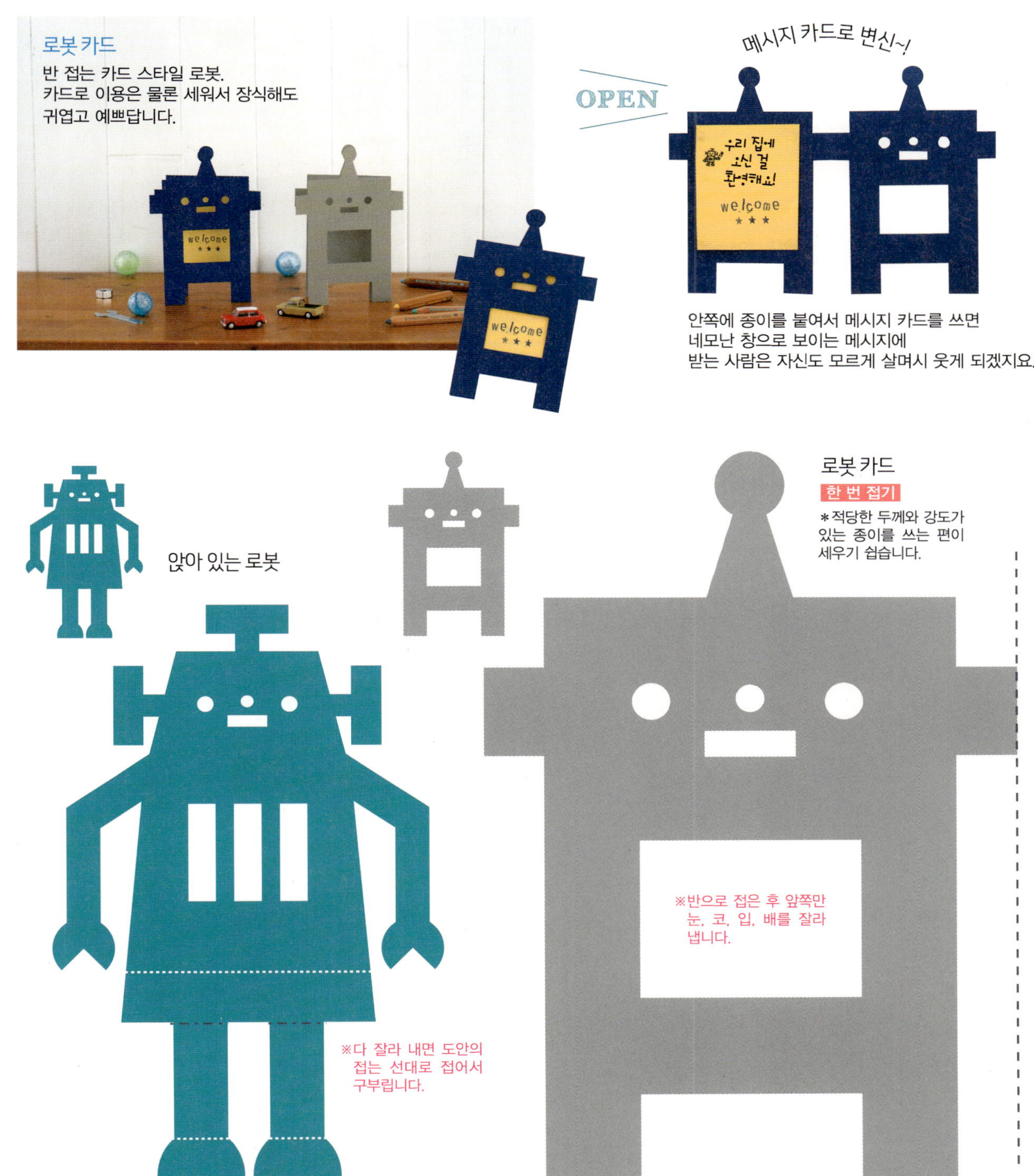

로봇 카드

반 접는 카드 스타일 로봇.
카드로 이용은 물론 세워서 장식해도
귀엽고 예쁘답니다.

안쪽에 종이를 붙여서 메시지 카드를 쓰면
네모난 창으로 보이는 메시지에
받는 사람은 자신도 모르게 살며시 웃게 되겠지요.

앉아 있는 로봇

로봇 카드
한 번 접기

＊적당한 두께와 강도가
있는 종이를 쓰는 편이
세우기 쉽습니다.

※반으로 접은 후 앞쪽만
눈, 코, 입, 배를 잘라
냅니다.

※다 잘라 내면 도안의
접는 선대로 접어서
구부립니다.

입체 꽃 데코레이션

원형 도안과 꽃 도안을 자르고 접어서 만드는 입체 꽃 장식.
평면이었던 종이 오리기에 입체감이 생기니 더욱 예쁘고 화려한
꽃이 완성됩니다.

벽 데코 플라워

원형 패턴에 퍼져 나가는 선 모양을
접으면 입체 꽃이 됩니다. 늘어뜨려
장식하거나 벽이랑 포스터 등의 데
코레이션 용도로 쓸 수 있습니다.

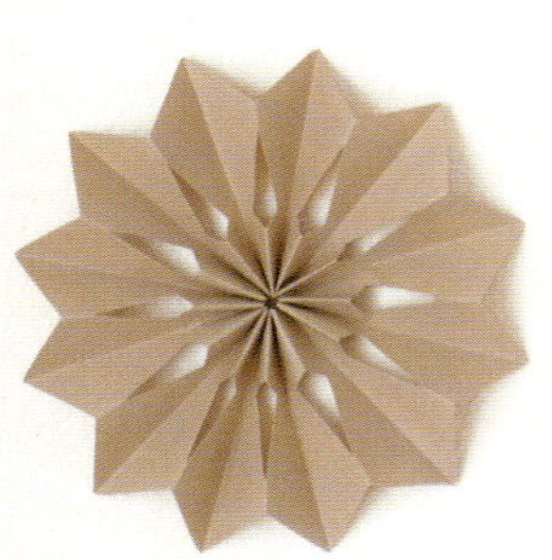

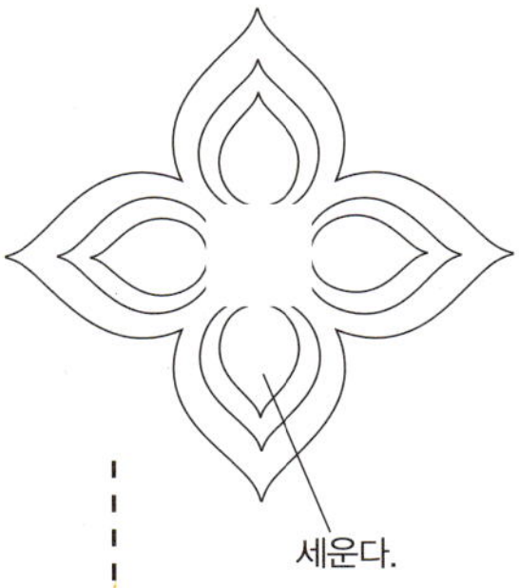

벽 데코 플라워 A

자르고 남은, 중심에 있는 꽃잎을 위로
세워서 입체적으로 만듭니다.

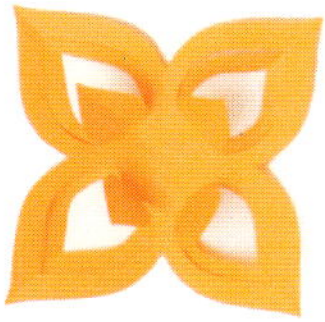

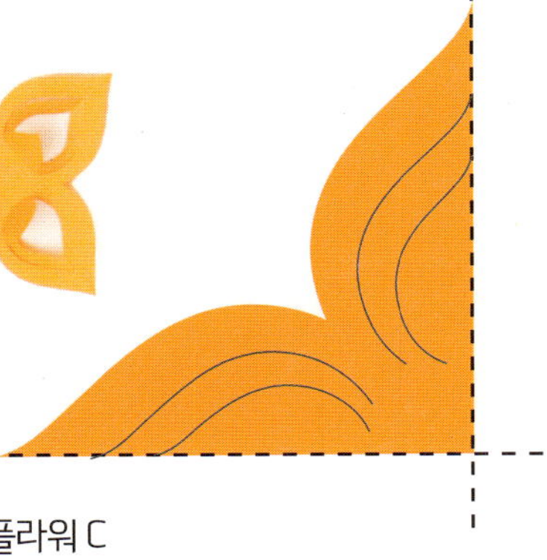

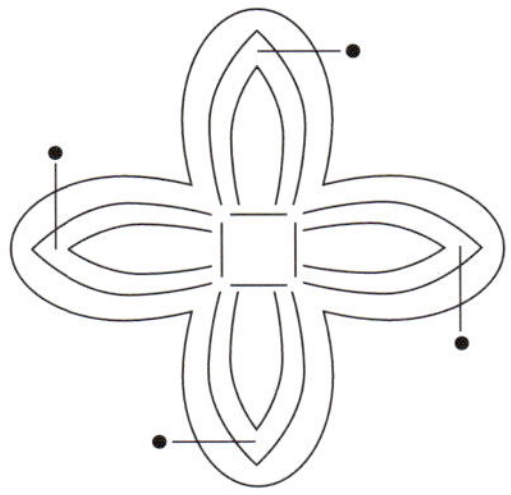

세운다.

벽 데코 플라워 B

오른쪽 위에 있는 그림의 '●부분'을 위로
세워서 중앙에 남아 있는 부분에 끼웁니다.

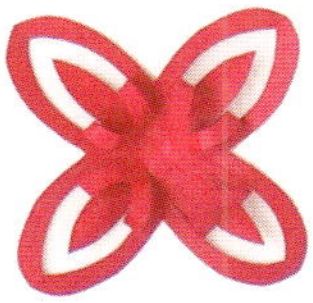

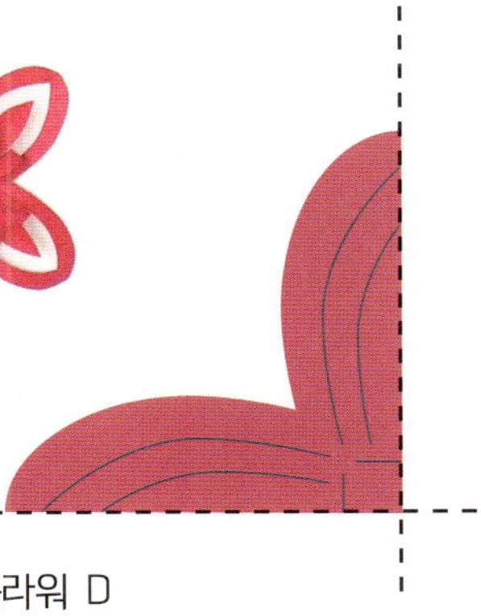

벽 데코 플라워 C

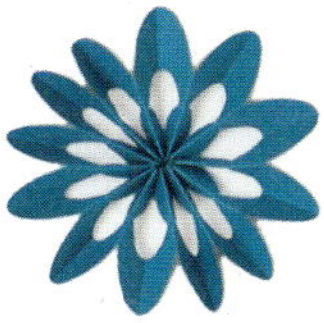

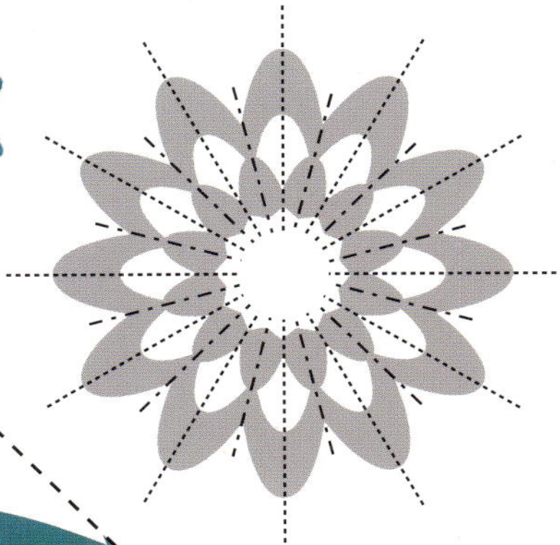

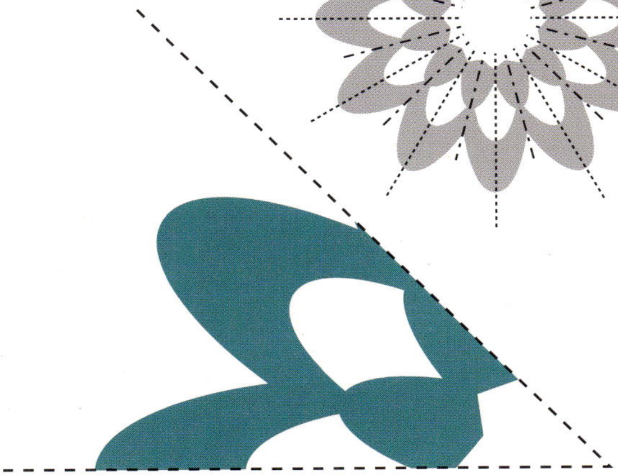

벽 데코 플라워 D

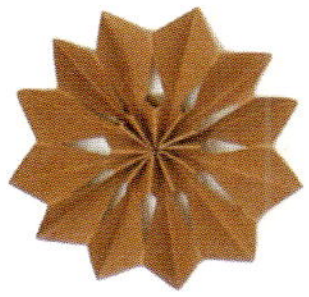

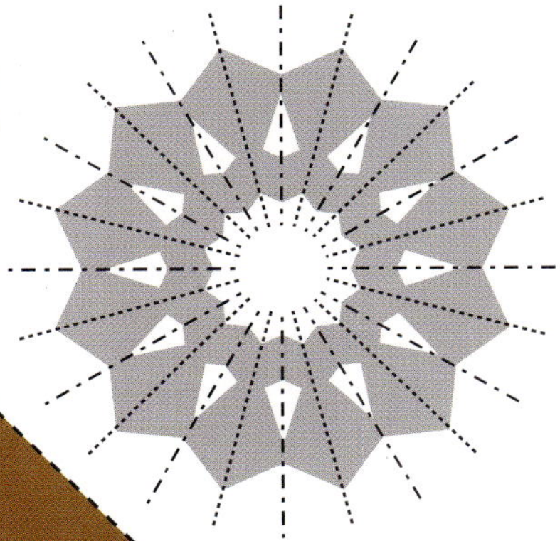

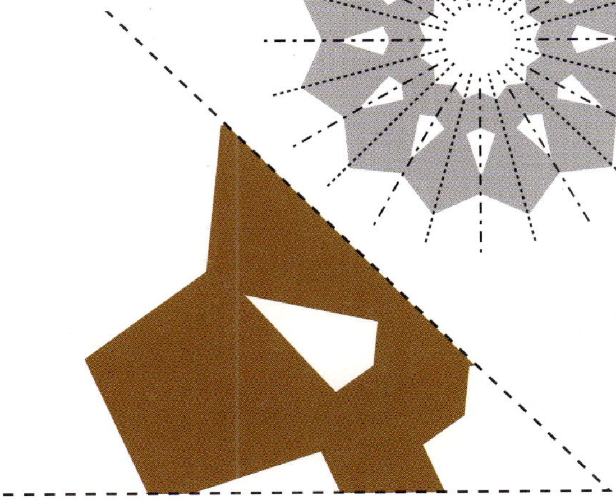

벽 데코 플라워 C, D 만드는 법

그림을 참조해서 안쪽으로 바깥쪽으로 반복해서 접은 뒤, 중심을 붙여서 형태를 만듭니다.
오른쪽 사진처럼 뒤에 지름 2cm 정도 둥근 종이를 본드로 붙여 고정합니다.
＊작은 벽 데코 플라워는 도안을 50% 축소해서 사용.

지름 2cm의 둥근 종이
(작은 작품은 지름 1cm)

스타 리본 만드는 법

가늘고 긴 종이를 스테이플러로
연결하기만 하면 쉽게 만들 수
있습니다.

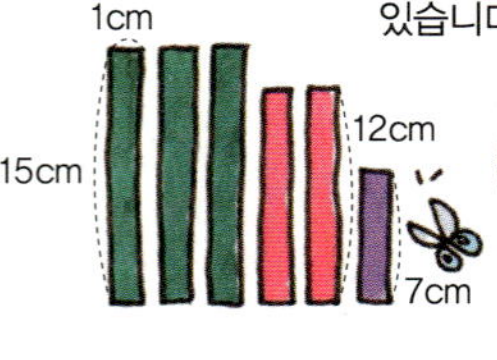

세모로 뾰족하게 만든 뒤
그림처럼 아래도 똑같이
만들어서 스테이플러로
찍습니다.

같은 모양으로 3개 만들어
그림처럼 겹쳐 준 후,
풀 등으로 붙입니다.

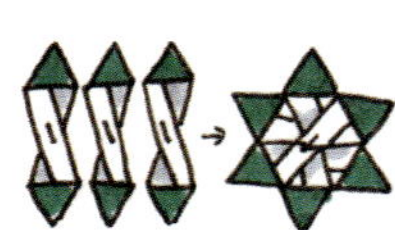

12cm짜리 2개도 같은
방법으로 만들어 줍니다.
가장 짧은 건 그림처럼
말아서 붙입니다.
3개를 겹쳐서 붙입니다.

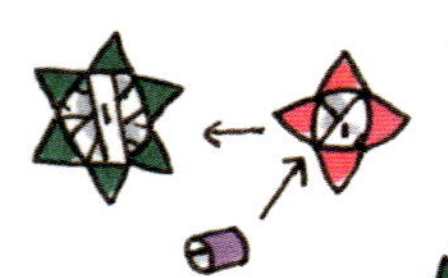

완성!

메달 & 훈장으로!

벽 데코 플라워를 만들고 끈이나 종이를 붙이면
메달이나 훈장으로 변신합니다.

스타 리본

포장에도 아주 좋아요!

종이 오리기로 여는 파티!

홈 파티를 즐길 때, 종이 오리기를 활용해 봅시다.
세상에 단 하나뿐인 나만의 작품이라 더욱 특별하고,
정성껏 만든 따스함이 파티 분위기를 살려 줄 거예요.

플래그 가란드

한 번 접기로 만든 세모 깃발을
많이 만들어서 플래그 가란드로
활용하세요! 발랄한 파티를 연출
합니다.

선명한 색이 눈을 끄는 남자아이
와 여자아이. 선반이나 상자 위
에 살짝 앉혀 놓을 수 있는 귀여
운 작품입니다.

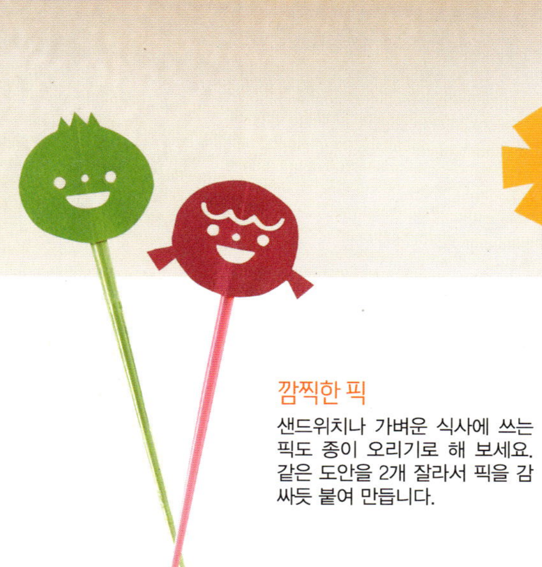

깜찍한 픽

샌드위치나 가벼운 식사에 쓰는
픽도 종이 오리기로 해 보세요.
같은 도안을 2개 잘라서 픽을 감
싸듯 붙여 만듭니다.

플래그 가란드

각 플래그를 만들어 위쪽 한쪽 끝 부분을 한 방향으로 겹치듯이 붙여서 잇습니다.
또는 벽용 접착 스티커 등으로 직접 벽에 붙여 쉽게 장식할 수도 있습니다.

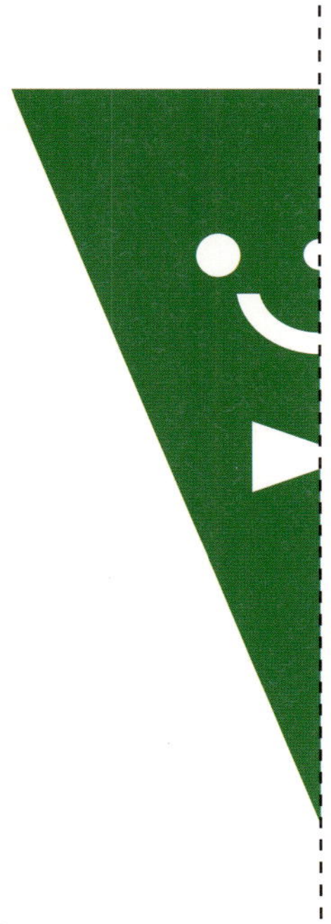

스마일 플래그

한 번 접기

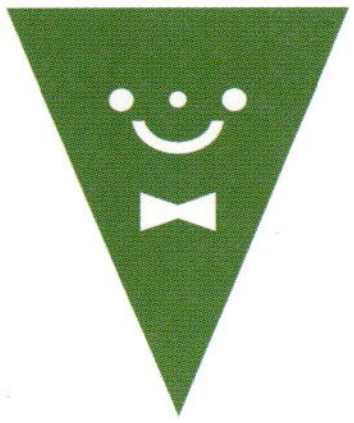

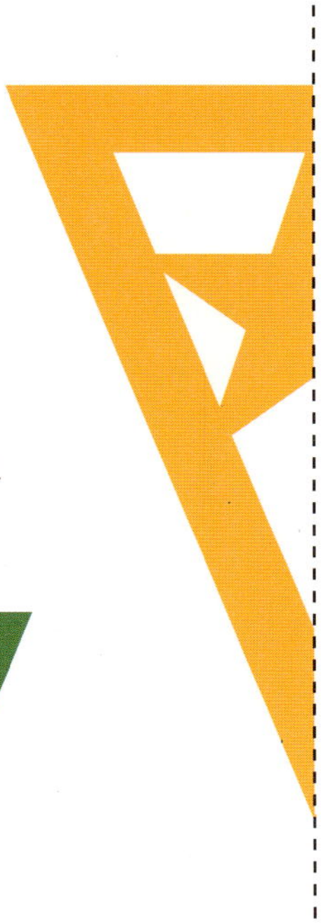

스타 플래그

한 번 접기

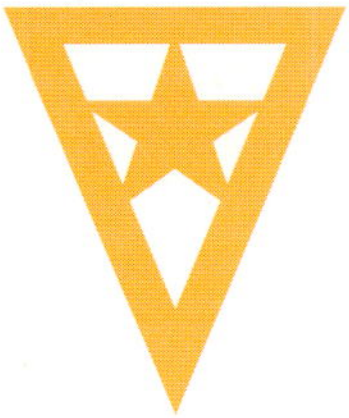

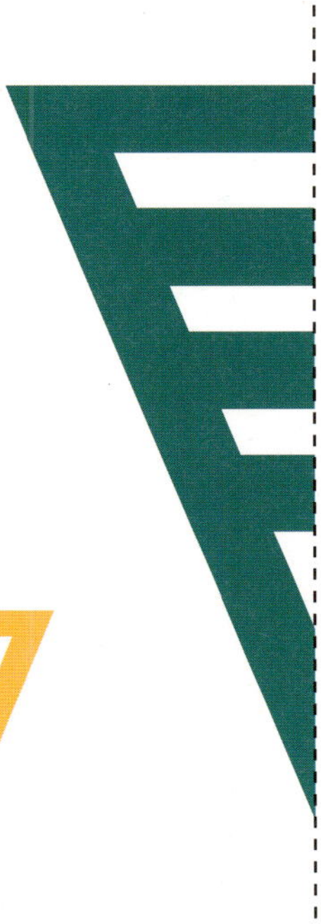

줄무늬 플래그

한 번 접기

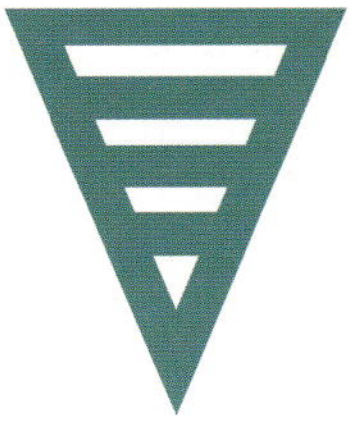

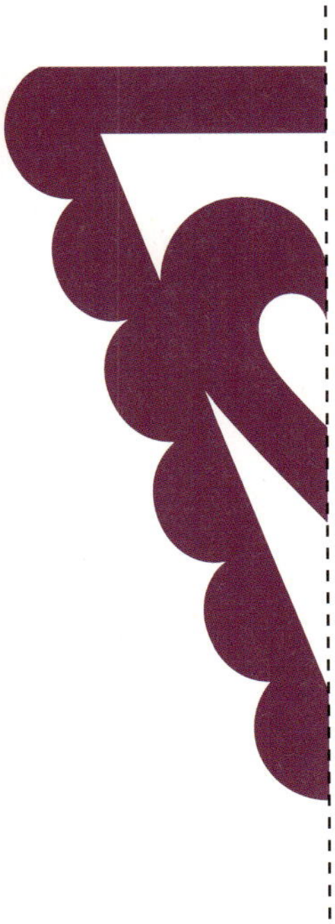

하트 플래그

한 번 접기

깜찍한 픽

사과

한 번 접기

꽃

한 번 접기

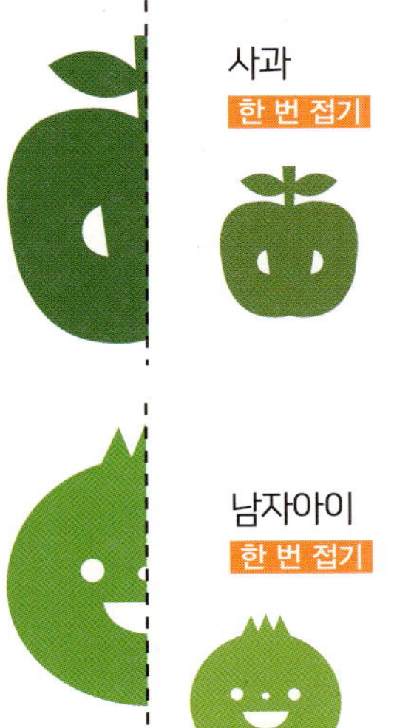

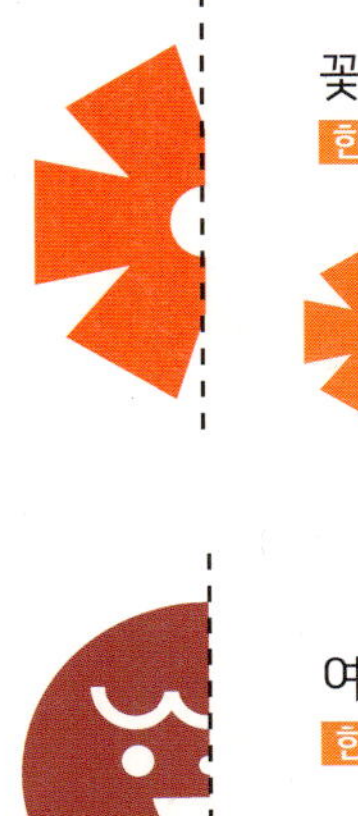

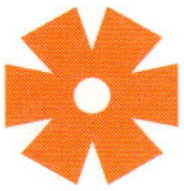

남자아이

한 번 접기

여자아이

한 번 접기

접는 선

남자아이

여자아이

풀칠하는 곳

풀칠하는 곳

왁자지껄 동물원

종이 오리기로 만든 입체 동물들은 아이들에게 인기 만점!
부모님이 오리고 잘라 주면, 아이가 세워서 입체로 만들며
온 가족이 함께 좋아하는 동물을 즐겁게 만들어 봐요.

캥거루 가족

엄마 캥거루 배에 주머니를 만들어
아기 캥거루를 넣으면
사이좋은 캥거루 가족이 완성!

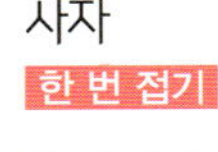

사자

동물들의 왕 사자.
동물원에서도 인기가 많은
사자의 웃는 모습.

돼지와 하마 가족
돼지와 하마 가족이 즐겁게 산책 중이에요. 컬러풀한 색으로 활기
넘치는 아가들을 많이 만들어서 행진을 시켜보는 건 어떨까요?

돼지

＊도안은 엄마 사이즈입니다.
아기 돼지는 도안을 65% 축소
해서 사용.

하마

＊도안은 엄마 사이즈입니다.
아기 하마는 도안을 65% 축소
해서 사용.

튀어나오는!
팝업 카드

직접 만든 카드에 마음을 담아요.
펼치기만 해도 마음이 따뜻해질 것 같은 카드들이에요.

생일 팝업 카드

펼치면 커다란 생일 케이크가
나오는 팝업 카드. 나이만큼 초를
장식해도 좋겠지요?

[생일 팝업 카드 만드는 법]

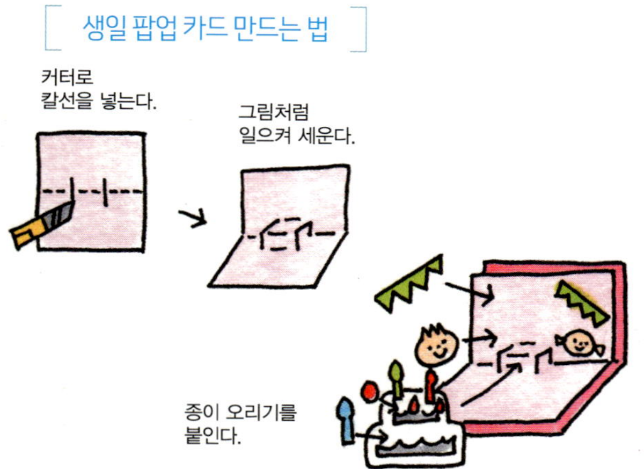

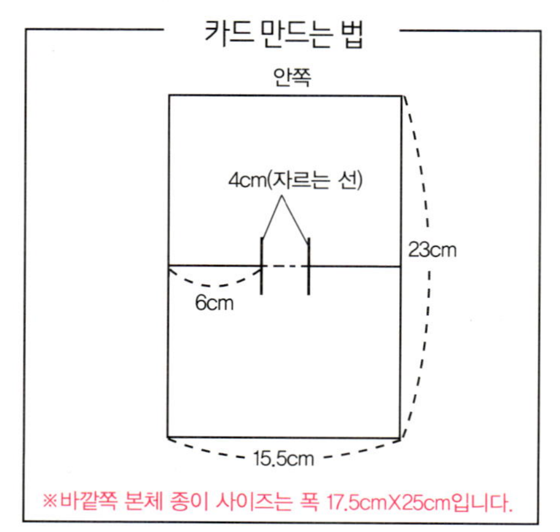

카드 만드는 법

※바깥쪽 본체 종이 사이즈는 폭 17.5cmX25cm입니다.

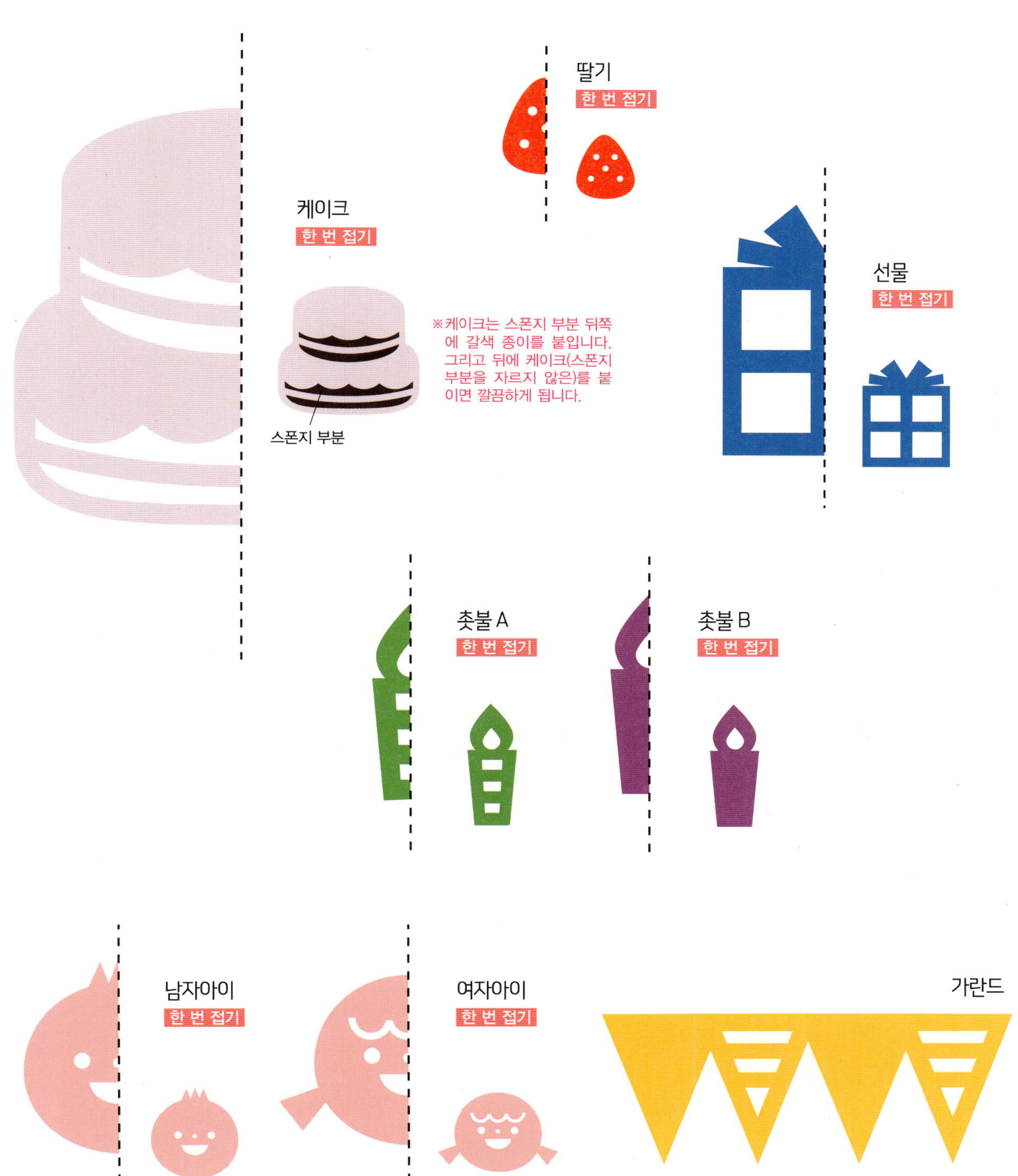
딸기
한 번 접기
케이크
한 번 접기
※케이크는 스폰지 부분 뒤쪽
에 갈색 종이를 붙입니다.
그리고 뒤에 케이크(스폰지
부분을 자르지 않은)를 붙
이면 깔끔하게 됩니다.
스폰지 부분
선물
한 번 접기
촛불 A
한 번 접기
촛불 B
한 번 접기
남자아이
한 번 접기
여자아이
한 번 접기
가란드

트리 크리스마스카드

색종이를 살짝 자르기만 해서
펼치면 입체적인 크리스마스트
리로 보이는 크리스마스카드.
좋아하는 장식들을 카드 여기
저기에 붙여 꾸며 보세요.

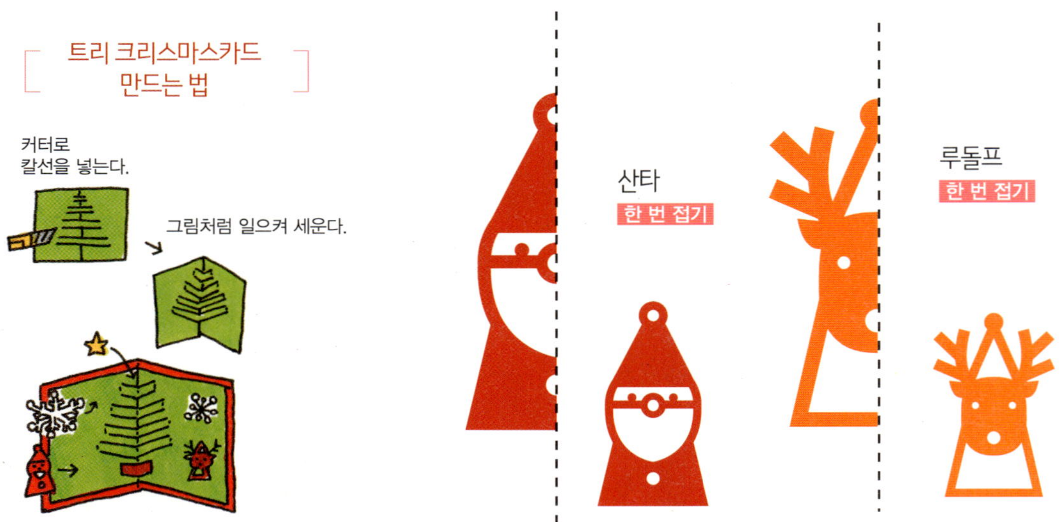

트리 크리스마스카드
만드는 법

커터로
칼선을 넣는다.

그림처럼 일으켜 세운다.

종이 오리기를 붙인다.

산타
한 번 접기

루돌프
한 번 접기

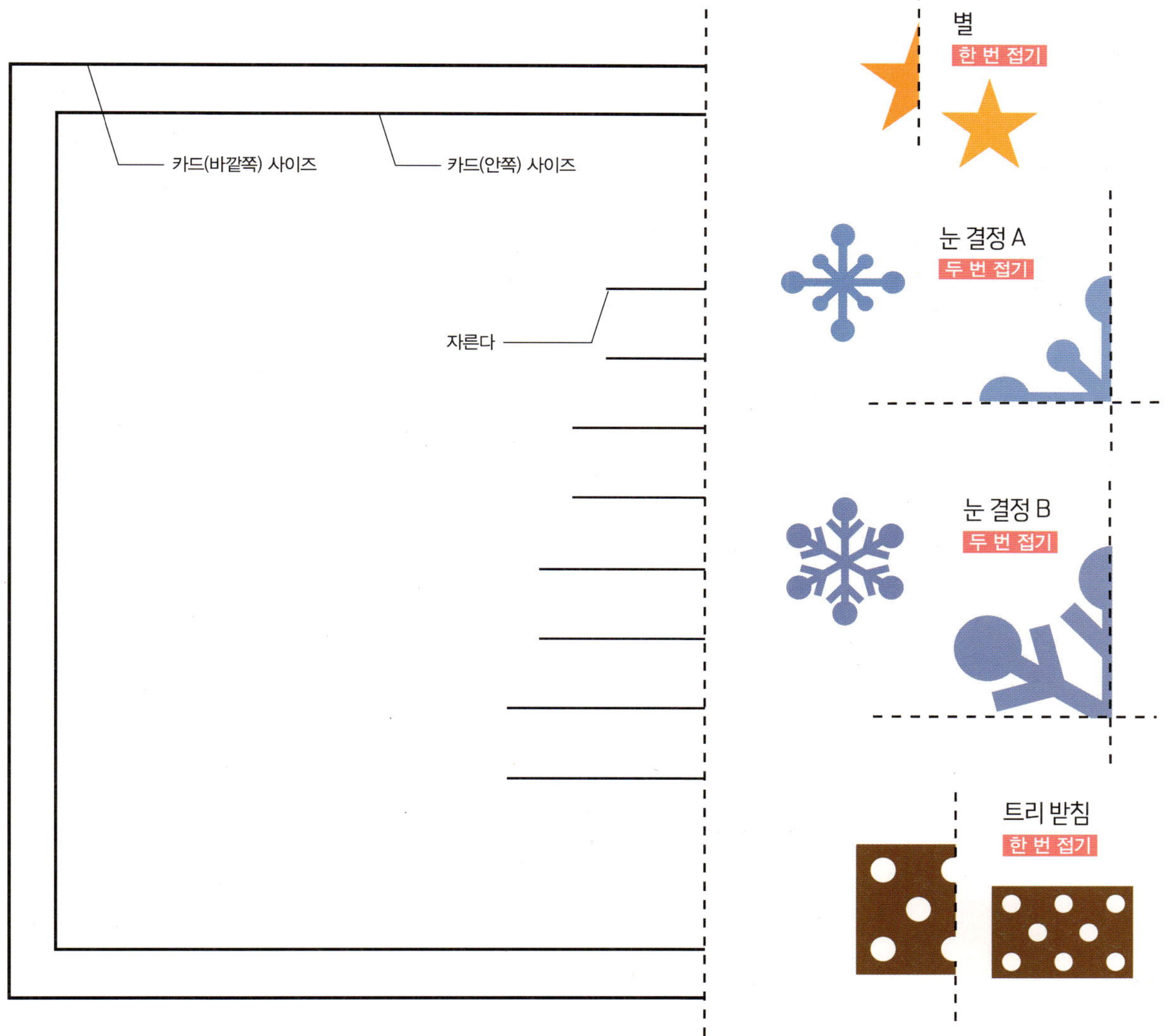
바깥쪽으로 접기 안쪽으로 접기
카드(바깥쪽) 사이즈
카드(안쪽) 사이즈
자른다
별
한 번 접기
눈 결정 A
두 번 접기
눈 결정 B
두 번 접기
트리 받침
한 번 접기

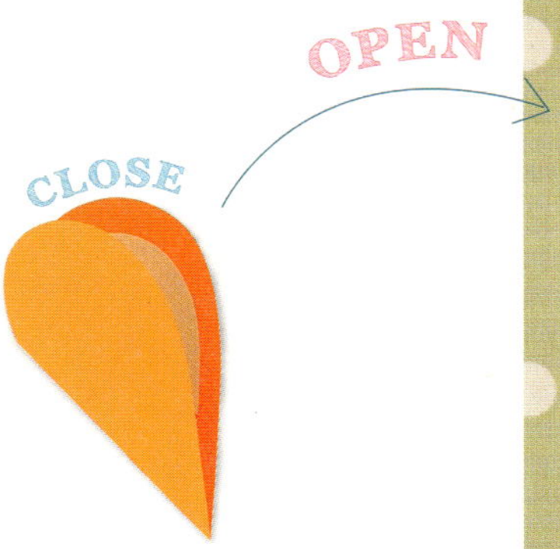

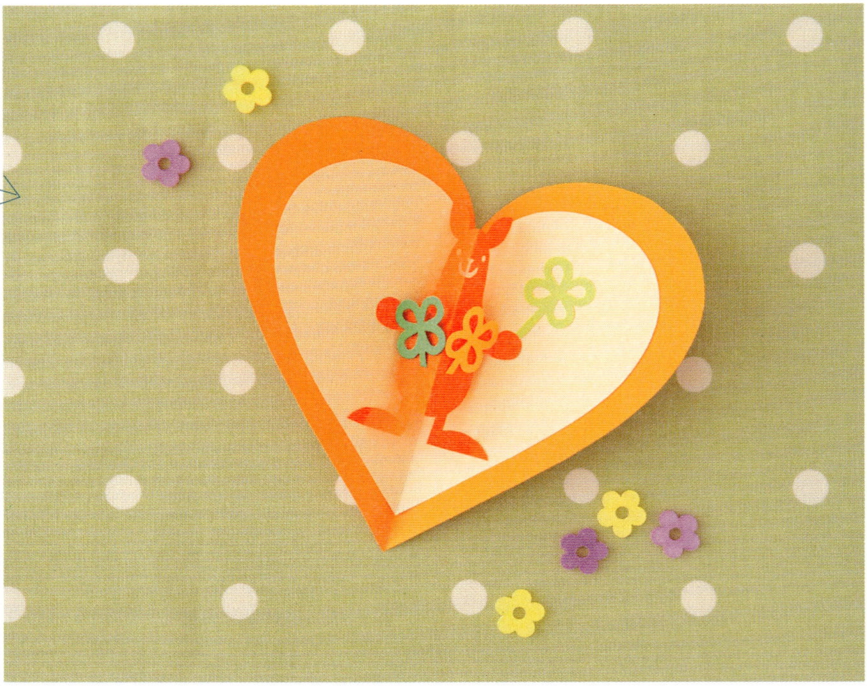

마음이 가득 담긴 축하 카드

행운의 네 잎 클로버를 가득 든 캥거루. 축하하는 말과 함께 선물해 보세요.

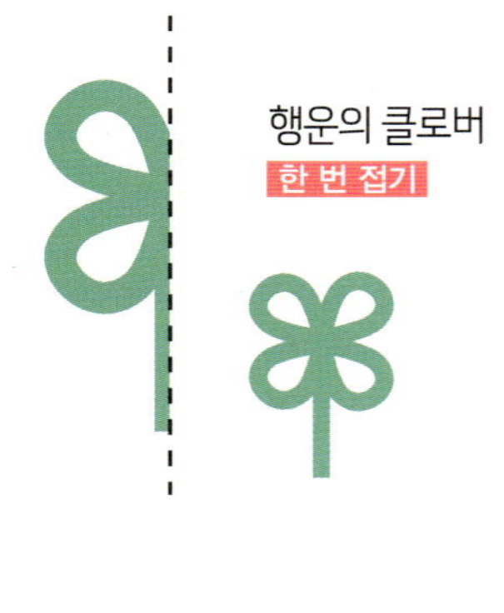

마음이 가득 담긴 축하 카드 만드는 법

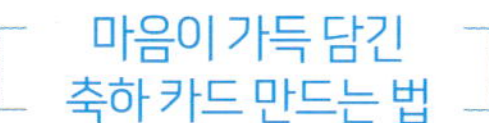

크고 작은 하트를 잘라서 겹쳐 붙인다.

캥거루 팔다리를 접어서 카드에 붙인다. 주머니에 클로버를 넣는다.

행운의 클로버

한 번 접기

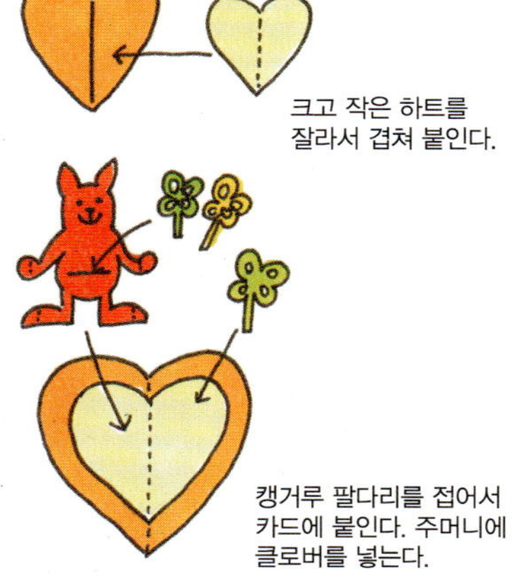

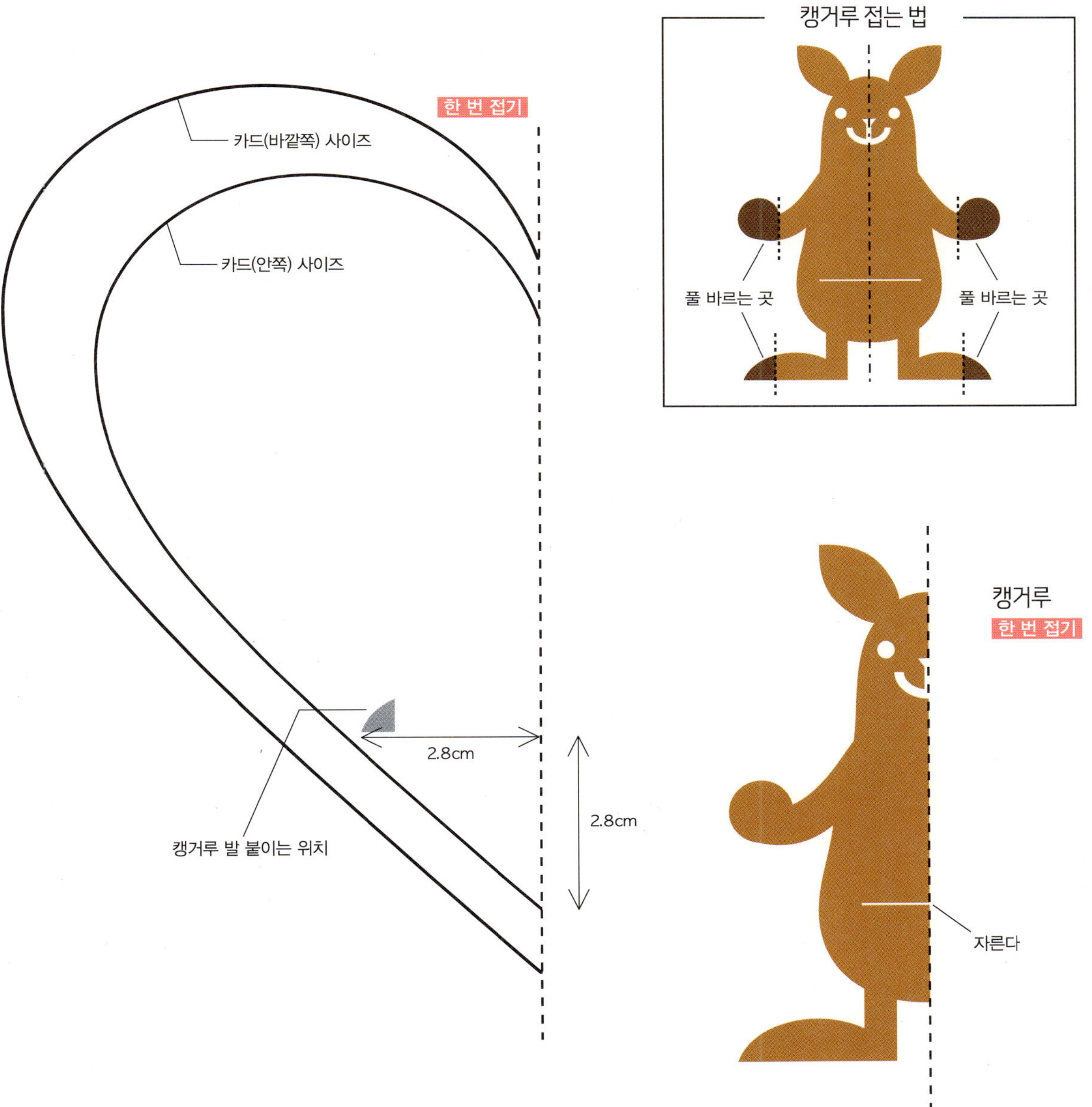
한 번 접기
카드(바깥쪽) 사이즈
카드(안쪽) 사이즈
2.8cm
2.8cm
캥거루 발 붙이는 위치
캥거루 접는 법
풀 바르는 곳
풀 바르는 곳
캥거루
한 번 접기
자른다

뒤집어 접어서 귀여운
커트 & 홀드 카드

종이에 칼선을 넣고, 그 부분을 넘기면 실루엣이 나타나는 커트 & 홀드.
양면 색종이를 사용하면 귀여운 카드가 됩니다.

점선 부분부터 뒤집어 접듯 펼칩니다.
밑쪽 종이 접기와 겹쳐서 붙이면 완성입니다.

사과 카드

리본 카드

트리 카드

몇 번이고 놀고 싶어지는
조인트 장식품
연결하면 장식이 되는 종이 오리기입니다.
마음에 드는 길이만큼 이어서 만듭니다.

둥글둥글 로봇
둥근 모양이 귀여운 로봇. 몸체
부분을 써서 메모장으로 활용
할 수 있을 것 같아요.

생선 캐치 고양이
생선의 머리와 꼬리에 앞발과
꼬리를 연결해서, 옆으로 이어
주는 타입의 장식이에요.

네모 네모 로봇
로봇끼리 서로 도우며 연결 완
료! 뺐다 연결했다 하면서 몇
번이고 놀고 싶어지는 장식입
니다.

– · – · – · – · – · –　접는 선

생선 캐치 고양이

생선 머리와 꼬리에 고양이 앞발과 꼬리가 통과하듯이
연결합니다.

생선

한 번 접기

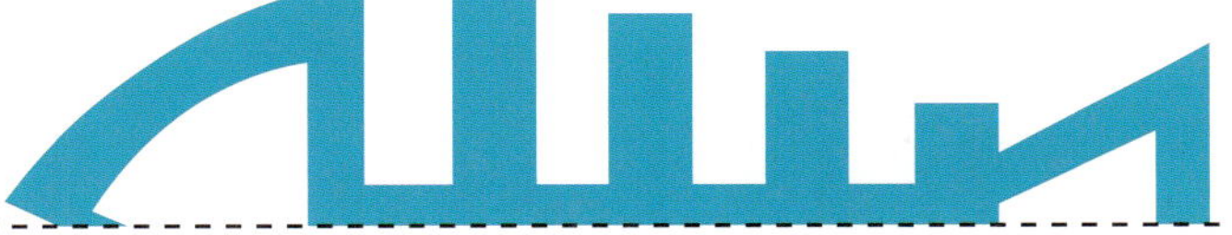

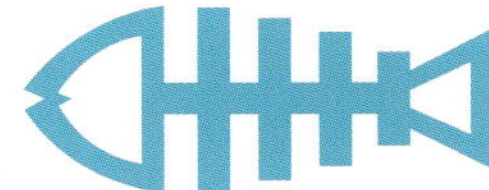

네모 네모 로봇

한 번 접기

반으로 접은 로봇의 네모
난 배에 다른 로봇을 통과
시켜 잇습니다.

둥글둥글 로봇

한 번 접기

반으로 접은 로봇 다리 부
분에 다른 로봇의 머리를
걸어서 잇습니다.

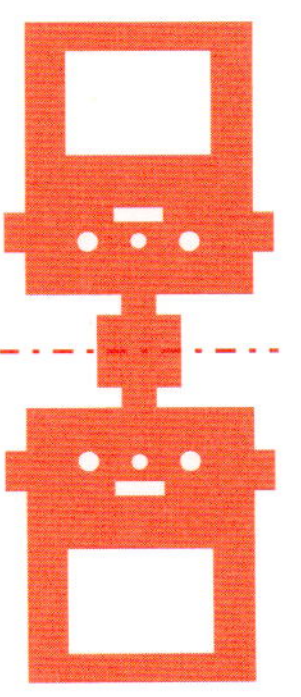

생선이 먹고 싶은 고양이는
낚시에 도전하는 중.
자, 맛있는 물고기를 잡을
수 있을까요?

스티커 용지로 만드는
벽 장식 스티커

종이 오리기 도안으로 스티커 용지를 오리면 벽 장식 스티커 완성!
콘센트 주위가 단번에 밝고 즐거워집니다.

여기야! 콘센트 로봇

콘센트를 꽂을 곳을 찾던 로봇.
어딘지 우리에게도 알려 주네요.

스티커 용지 위에 도안을 옮겨
그릴 종이(트레이싱 페이퍼 등)를 놓고,
주위를 종이 테이프 같은 걸로 고정시킨 뒤에
커터를 써서 도안째로 자르면 작업이 편해집니다.

여기야!
콘센트 로봇

잡힐까?
낚시하는 고양이

쉽고 재미있는 페이퍼 아트(원제 : かわいい切り紙BOOK)

1판 1쇄 2018년 3월 28일
지은이 다케우치 치히로
발행인 주정관 ㅣ **발행처** 북스토리(주) ㅣ **주소** 경기도 부천시 원미구 길주로 1 한국만화영상진흥원 311호
대표전화 032-325-5281 ㅣ **팩시밀리** 032-323-5283 ㅣ **출판등록** 1999년 8월 18일 (제22-1610호)
홈페이지 www.ebookstory.co.kr ㅣ **이메일** bookstory@naver.com
ISBN 979-11-5564-166-8 13630
      979-11-5564-008-1(세트)

※잘못된 책은 바꾸어드립니다.

이 도서의 국립중앙도서관 출판시도서목록(CIP)은 서지정보유통지원시스템 홈페이지(http://www.seoji.nl.go.kr)와
국가자료공동목록시스템(http://www.nl.go.kr/kolisnet)에서 이용하실 수 있습니다.
(CIP제어번호 : CIP2018007535)

동시대의 감성과 지성을 담아내는 **북스토리**(주)

북스토리 ㅣ 문학, 예술, 만화, 청소년, 어학
북스토리아이 ㅣ 유아, 어린이, 학습
북스토리라이프 ㅣ 취미, 요리, 건강, 뷰티, 실용
더좋은책 ㅣ 교양, 인문, 철학, 사회, 과학